AF608998

Marc Mimram
Roland-Garros

Marc Mimram

Structure | Light · Landscapes of Gravity · Roland-Garros

Through the Lens of Erieta Attali

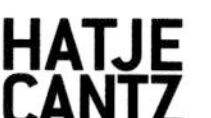

Roland-Garros: The Simonne-Mathieu Court,
The New Greenhouses Court
Marc Mimram

When the landscape designer Michel Corajoud put forward his plan for improvements to the Roland-Garros site for the international tennis tournament, his intention was to open it up, creating a link with the city.
This necessitated the opening up of an extensive public space and the construction of a new court accommodating 5,000 visitors in the adjacent garden, where not long before some poorly constructed greenhouses had been added. The garden is notable not for these greenhouses, but for its fine botanical hothouses designed in 1898 by Jean-Camille Formigé, and which naturally were never under threat.

The idea of placing a tennis court in the area intended for the garden might have appeared sacrilegious, particularly to one of the founders of the French school of landscape.
This was not the case. Since the functionalist Athens Charter, permeability and dialogue have been fundamental to the modern city and, although partly planted, there was nothing sacrosanct about this piece of ground.
It meant that it would be possible to keep the Roland-Garros Tournament (French Open) in Paris, despite those opponents who would have been delighted to see it transferred east of Paris to Disneyland Paris or west towards Versailles.
The new plan made it possible to construct 1,500 square meters of new glasshouses built to the highest technical specification, something that would not have happened but for the connection with sport and the funding from the Fédération Française de Tennis.

More than that, it shows that, when it is accepted that green spaces—even on the edge of a forest—can be changed and transformed, dialogue with the city is something positive for all, allowing a harmonious change to take place. A city that can change is a city that can endure.

The installation of the new court conforms to the geometrical layout of the garden. The original composition is respected and arranges the court to lie north-south, parallel to the historic glasshouses. The older courts, by contrast, were set out within the arrangement of urban and sometimes agricultural plots of land. This distinction is subtle but perceptible.
Formigé's glasshouses provide a reference point not only through the quality of their geometric and formal structure but also in the reason for their construction.

Taking its inspiration from these hothouses of glass and cast iron so characteristic of the nineteenth century, the new tennis court will be partly below ground level, surrounded by a terraced concrete platform, surmounted by a steel structure and wrapped around with botanical greenhouses designed to meet the highest technical specifications.

These new greenhouses form a glass backdrop, a case within which plants from four continents can flourish. They refer to the design of the nearby hothouses and are inspired by, without imitating, an architecture in metal that, since the construction of the Crystal Palace in London in 1851, still stands, with its delicate relationship between light and structure, as the perfect model of airiness and economy.

It was necessary to provide double glazing and much more effective insulation than that of the greenhouses they replaced. Rather than creating a simple surface of smooth glass, the design makes use of fragmented scales of glass, their edges arranged in two different directions. In this way, the skin of the construction changes as the light alters as a result of diffraction, and vibrations are set up by the reflections on the irregular, broken up surfaces. The steel of the glasshouses gives rhythm to the whole, echoing the balanced structure of the terraces that rise up to the gallery running round the top of the building. The part of the court emerging above ground level consists of juxtaposed tiers placed on a triangular structure forming long galleries.
The virtual volume is thus created by the perspective of this structure that, given its single anchoring point, has an appearance of instability. It is the crown of tiers that gives the whole a form of stabilized equilibrium, a structure where each element varies according to the force exerted on it and which, without showing off its immense musculature, demonstrates its static necessity. This demonstration of strength is appropriate to a sporting context like this. Here strength is allied with an economy of means that translates into elegance. The arrangement of the supports, composing the volume, is perpendicular to the glass walls surrounding the glasshouses.
The steps of the tiers have risers made of glass that allow rays of light—like juxtaposed blades—to shine through the protection from the sun.

Simonne-Mathieu Court, Roland-Garros

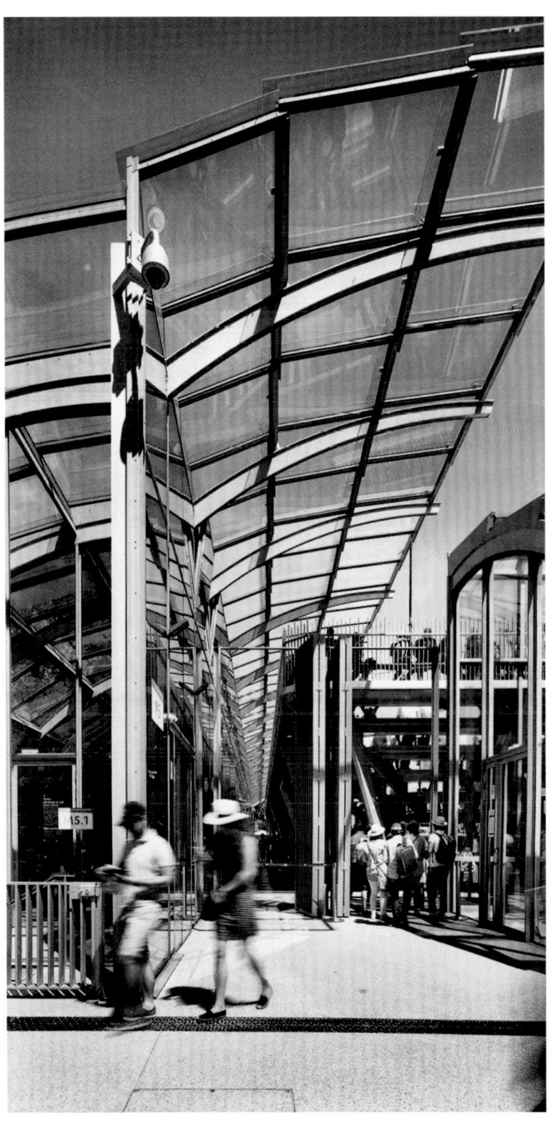

Light is projected, diffracted, reflected in this intricate arrangement of planes of glass and steel, forming an ever-changing gallery moving with the sun, the glass of this skillful construction making the play of light materialize before us.

Amid filtered shadow and transparency, the structure, integrating contemporary techniques in oxy-fuel cutting and welding, decomposes, reorders, and sets itself apart from nineteenth-century architecture.

The work of architecture springs from the reasons that drive the project. Between light and constructive logic, between materiality and static expression, the project expresses its coherence in a unique concept that brings sport and nature together, immersing itself in the plant world of garden and glasshouse.
This coherence is the very purpose of the architectural proposal, transforming the unique experimentation represented by the built project into a new referential typological form that could even be extended to other sports facilities.
But the success of the project comes into play with the ball and the match, at the precise moment when the sound of the ball on the racquet meets the acclaim of the public.
At this moment, the sound of music, shouting, clapping, and feet on the hard clay create an atmosphere: a unique atmosphere that is shared between players and audience, a unique moment in time.
This quest is architecture; it makes sense and unfolds the senses.

The project is revealed at this moment. The pleasure of the spectators and that of the players echoes a music that is unique and exceptional: the atmosphere Is to be found here.
We experienced this inseparable poetry of the place at the first tournament, in the rhythm of exchanges between players, between players and spectators, between the building and its environment.
Architecture lies in this shared pleasure, one that offers feelings that are delicate and generous.

Just as Michel Corajoud wished, a dialogue between gardens and sport, botany and tennis, technical and physical performance has emerged from a shared space.
The presence of structures from the past in no way inhibits this confident contemporary architecture—quite the contrary. The different activities intersect in time; the tennis tournament is an integral part of the development of the botanical garden. The Simonne-Mathieu Court is a good illustration, if one were needed, of the need for the pleasures of urban life to adapt to an ever increasing combination of different uses.

The stadium's concourse running along the new greenhouses

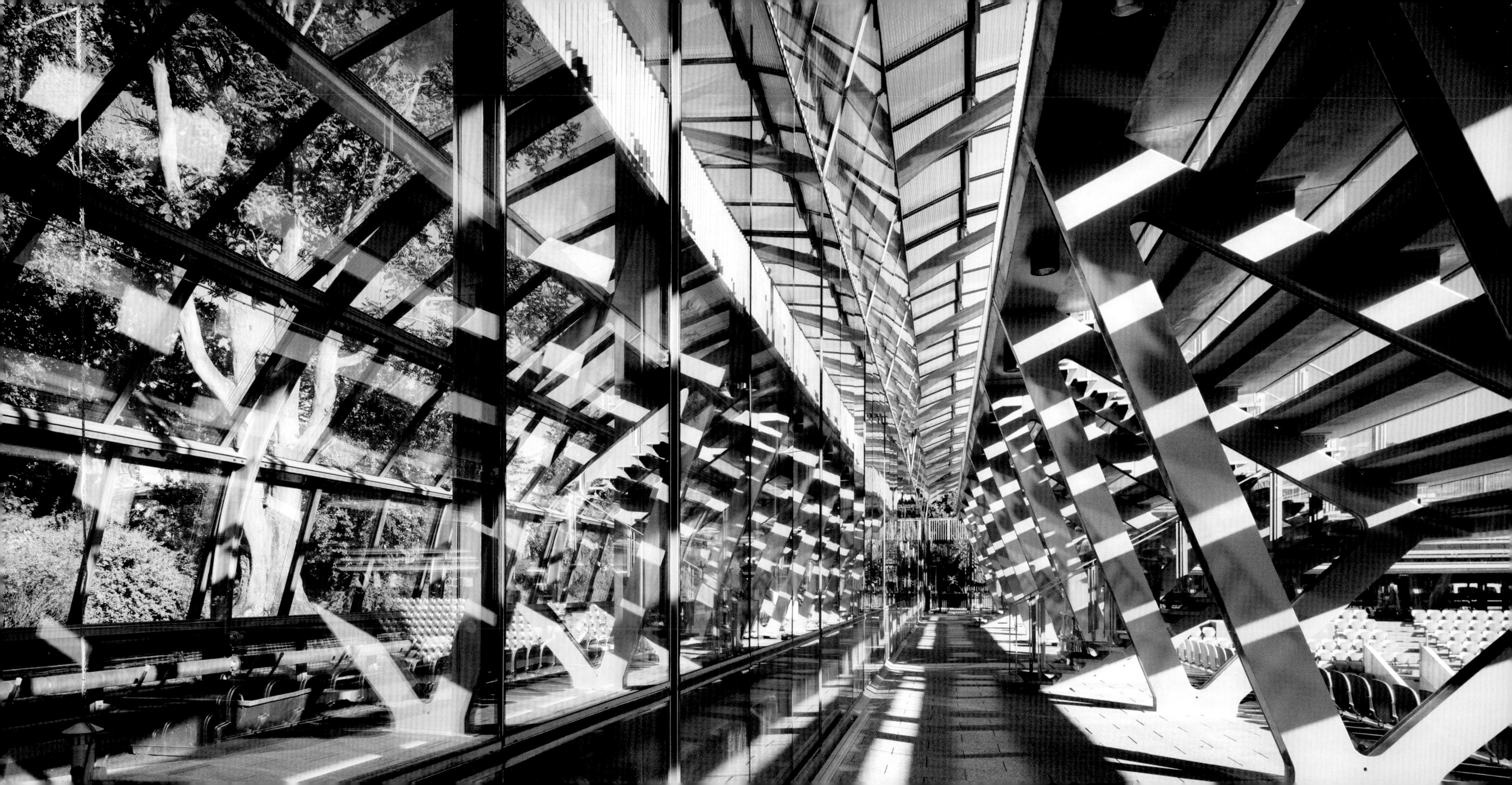

The Simonne-Mathieu Court at Roland-Garros, Paris
Architect: Marc Mimram
Peter Cook

I am not so sure that in these days of heavily layered architectural discourse the notion of the "straightforward" has much traction or respect? So I may have to spend some effort to reinforce the idea of its relevance in this discussion.

Yet straightforwardness is the immediate response that I have to the tennis court/greenhouse by Marc Mimram, and in so doing I am giving it my full respect. My enthusiasm, in fact. Even if I sometimes enjoy diffusion and ambiguity and even indulge in that game in my own work, I can pause to reflect that such tactics parallel those whereby a tricky politician will avoid a straight answer to a straight question and layer the conversation with decoys. In other words, it takes real talent to be straightforward.

In a period of architecture in which we can now observe the confusion and subconscious feeling of inadequacy suffered by the postwar generation—since they were neither heroes of high modernist architectural battles, or the more macabre battles of the field of war—a myriad of architectural observances have been chasing each others' tail. Postmodernism, deconstruction, neo-rationalism and now a division between recherché calm (or actually boring) urban block-making that can plod down on the ground or unmitigated "look how clever" digitalized snakes that can writhe into a contextless space. In a way, it is the responsibility for buildings that perform a defined function, and that occupy interstitial territory between dense urbanism and suburbia, to resurrect the notion of a building that observes its basic function—and then looks around for additional triggers for the enjoyment of circumstance and of life.

Thus, it seems that Marc Mimram has gone straight in there and observed that the juxtaposition of a tennis court and a botanical garden *is too good to miss*! Rather than setting them up to give a nodding acquaintance of each other, he goes straightforwardly into recognizing that the one function can be *embraced* by the other.

Bingo!

There we are.

But of course (as with all good architectural propositions) it depends how you do it.

So we can enjoy a few speculations along the way that are prompted by what we simply see, but (being fussy) desiring also to post-rationalize—for there is the biography and track record of the architect himself. Writing as someone who went straight into architecture school at the age of 16, my tongue hangs out at the trajectory of a man who can graduate in mathematics, then engineering, then more engineering, then architecture, then philosophy. Of course it's France (with a good chunk of America in passing) and I have to recognize that the culture there seems to *demand* philosophy as a kind of justification for all sorts of digression. So how did the young Mimram emerge from this all with an uncluttered head? Was this study and knowledge all somehow packed and brilliantly imploded into the ability to make clear, consistent, and quite, or (naughty word), stylish decisions? Or is he a determined toughie who takes it all with a "pinch of salt," remaining steadily on track. My "sniff" suggests something of both.

Making a simple observation of the organization of the building, one sees that once the necessary court and spectator diagram is established, he wastes no time in using the potential of the structure of canopy and greenhouse to be one, and of a single run of form and material—*only* steel and glass. Only then finessing the proposition by deft positioning of conditions so that there are significant glimpses of the players through the vegetation and conversely the vegetation behind the crowd.

But finesse is at work, and to quote Mimram himself: "It was necessary to provide double glazing, thermally much more efficient than the greenhouse glazing that it replaced. Rather than creating a simple surface of smooth glass, the design makes use of fragmented scales of glass, their edges arranged in two different directions. In this way the skin of the construction changes as the light alters as a result of diffraction, and vibrations are set up by the reflection on the irregular, broken-up surface. The steel of the glasshouses gives rhythm to the whole, echoing the balanced structure of the terraces that rise up to the gallery running around the top of the building."

Indeed, one can sense much of the character of this man as a designer in running back over that quote: the straightforward insulation requirement, *immediately* tweaked with the objective of creating delight. Referring then back to the overall effect and a straightforward *organizational* item.

Of course, almost no architect ever arrives at the contemplation of a project without conditioned responses. So far everything about the Simonne-Mathieu Court seems absolutely appropriate to itself: the proximity of the botanic garden beckoning the main *move*, the manipulation of light with glass a highly creative *interpretation*. Yet the seeds of his approach are visible in two key works of the last few years. The building for the Strasbourg School of Architecture of 2014 takes a pair of floors and shifts them above another pair and then shifts above the ground floor. Thus articulated, the trussed structure is the whole of the shift, no messing, no diffusion. Joy in structure—and, so it seems—a very light feeling building. After this, the TGV Station on the edge of Montpellier of 2014–17. Almost gossamer-thin concrete fretting creates a very light feel to the space within and then—amazingly for a railway station—the building welcomes vegetation right into itself. From the air it seems to be already among the market gardens rather than in the city and thus—in a way (dare one suggest) straightforwardly—they enter the station. At last, large rail stations no longer have to be city monuments.

Yet despite the coincidence of station and court both having entertained vegetation, the move in no way seems contrived. More that they are a challenge to other architects to take a cool look at context, program, and opportunity: to regard the rediscovery of the charm of the garden—in its broadest sense—as the corollary of architecture and engineered space. Similarly, lightness of atmosphere seems to characterize all three works.

At this point one also has reason to speculate on the vexed questions that are often expressed by populist critics: What is this building saying to the human predicament/the survival of the planet, equality, use of resources, etcetera? Sure, it is in a fairly fancy part of Paris, with tennis as a somewhat bourgeois sport and the perusal of botanical gardens as the faintly coy (even indulgent) activity of those with time on their hands. Yet surely it has always been the role of bourgeois endeavors to have that very time and privilege of concentration that has eventually trickled down to the commonplace. That has had the benefits of whim, speculation, and thus, in effect, *research*. In Northern Europe the craving for better and more luscious planting has eventually given us a wonderful vocabulary of gardening, conservatories, orangeries, pocket gardens. Mimram's building and his station are further speculations that can certainly trickle down. The steely and individualized competitiveness of tennis is a virtuoso activity and less given to mass tribalism than team games. But wrap this in a more languid activity and the quality of urban—or do I not mean *urbane*—life is enhanced. On the days of the tennis matches it must surely be a refreshing (and possibly intriguing) antidote to the tension of the match to then be aware of the languidness of the plants—or their charm. On the many days when there is no tennis the glimpse of the court may well have that same gentle *frissant* that you get when the loading door of a theater is open, revealing a glimpse of the stage, and the imagination starts to run.

So I must now indulge in a favorite aspect of architecture, one that is possibly less fashionable in France, where many architects are quite happy for the *bureau d'études* to do the detailing—though definitely not Marc Mimaram! It is the discussion of STUFF. Stuff as you find it, see it, manipulate it, and engage with it under your foot, under your bum, against your foot, just above your head. The section drawing of his building plus a close-in view of the parts reveals his empathy with detail and the particularity of material: for though the two shallow curves of the steel and glass roof form a continuum, there is a distinct acknowledgment of the world of the greenhouse vis-à-vis that of the seating area. So we observe the steel of the seating cradle as being beautifully fashioned, smooth, with curved intersections and creating a considered atmosphere to the whole ambulatory along with the glitter that Mimram has already described. The seating trays continue this finesse; yet the conservatory does not need this same detailing and therefore eschews "fashioning" in favor of steel sections of a fairly lusty dimension. You have the distinct impression that this greenhouse can withstand the weathers of centuries rather than seasons. It is direct and commodious. Contrast with the recent history of high-tech buildings in the UK, where daredevil-thin sections, wires, and gaskets have excited us, and still do. Whereas this building can exist alongside those stalwarts such as the Grand Palais with its impressive and seemingly indestructible strips of metal. A greenhouse is, in many respects, an industrial building but with seductive contents.

So it is that such a building seems absolutely right, absolutely direct, and at the same time has enough control and knowingness to have seduced us into realizing that it is not ordinary, without having recourse to trickery, rhetoric, symbolism, intellectualism, mimicry or posturing. It is absolutely straightforward in the development of the plan. It relishes its normalcy as an object by partially sinking the court into the ground and thus presenting the building to the world as a reasonable and consequent addition to the palm garden structures.

But it is handsome in concept and charming in the experience.

Now to record it. Now to catch the glancing moments. The glimpses of court action. The droop of the leaves. The shimmer of the glass. The sternness of the steel. Its deceptive nonchalance. Or all of these as they act together.

Marc Mimram has set us a skillful trap in subtly contriving a building that is so deceptively straightforward that it makes a magic place without the need for tiresome architectural chatter.

Refreshing.

Jardin des Serres d’Auteuil botanical garden

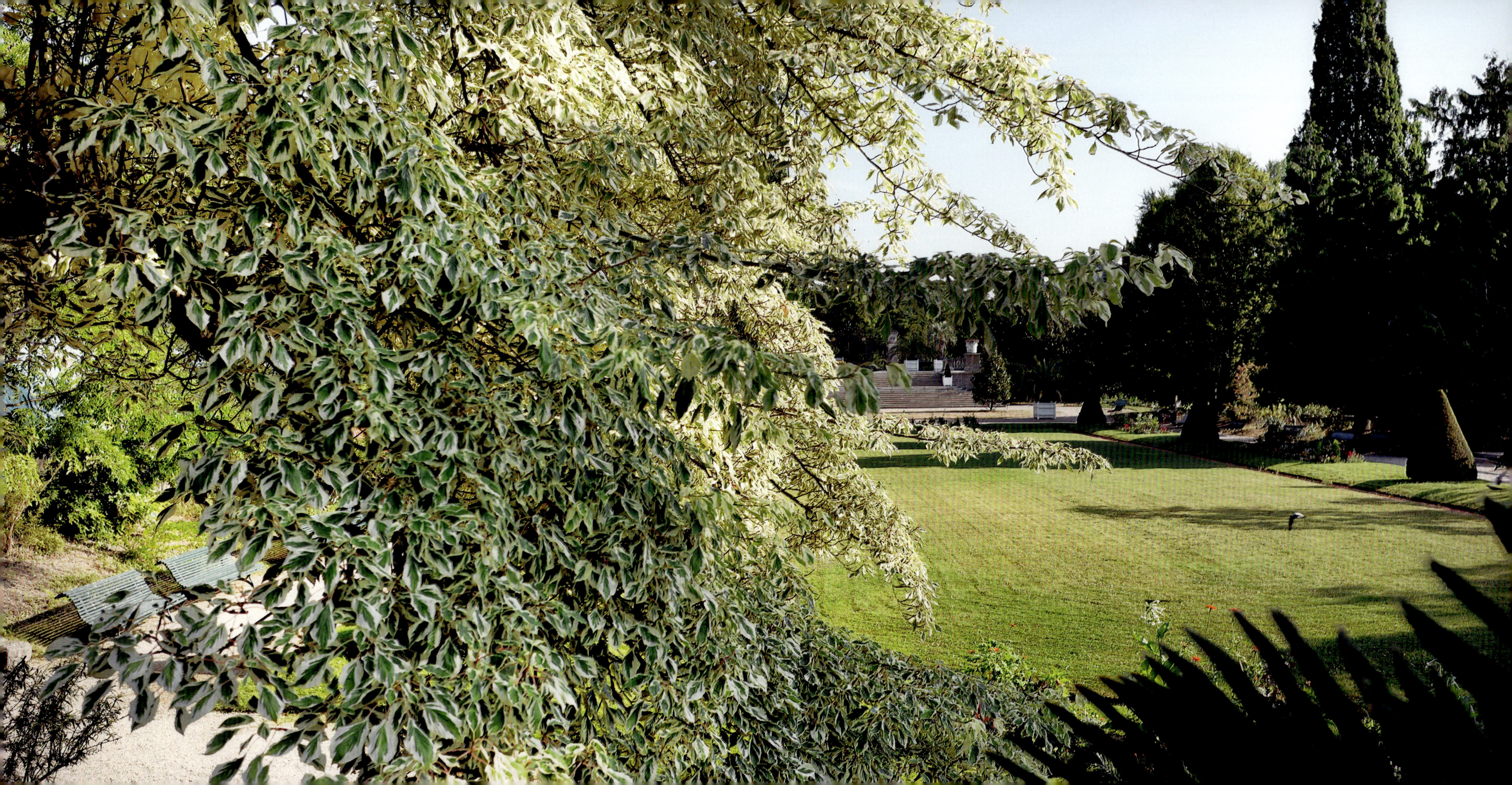

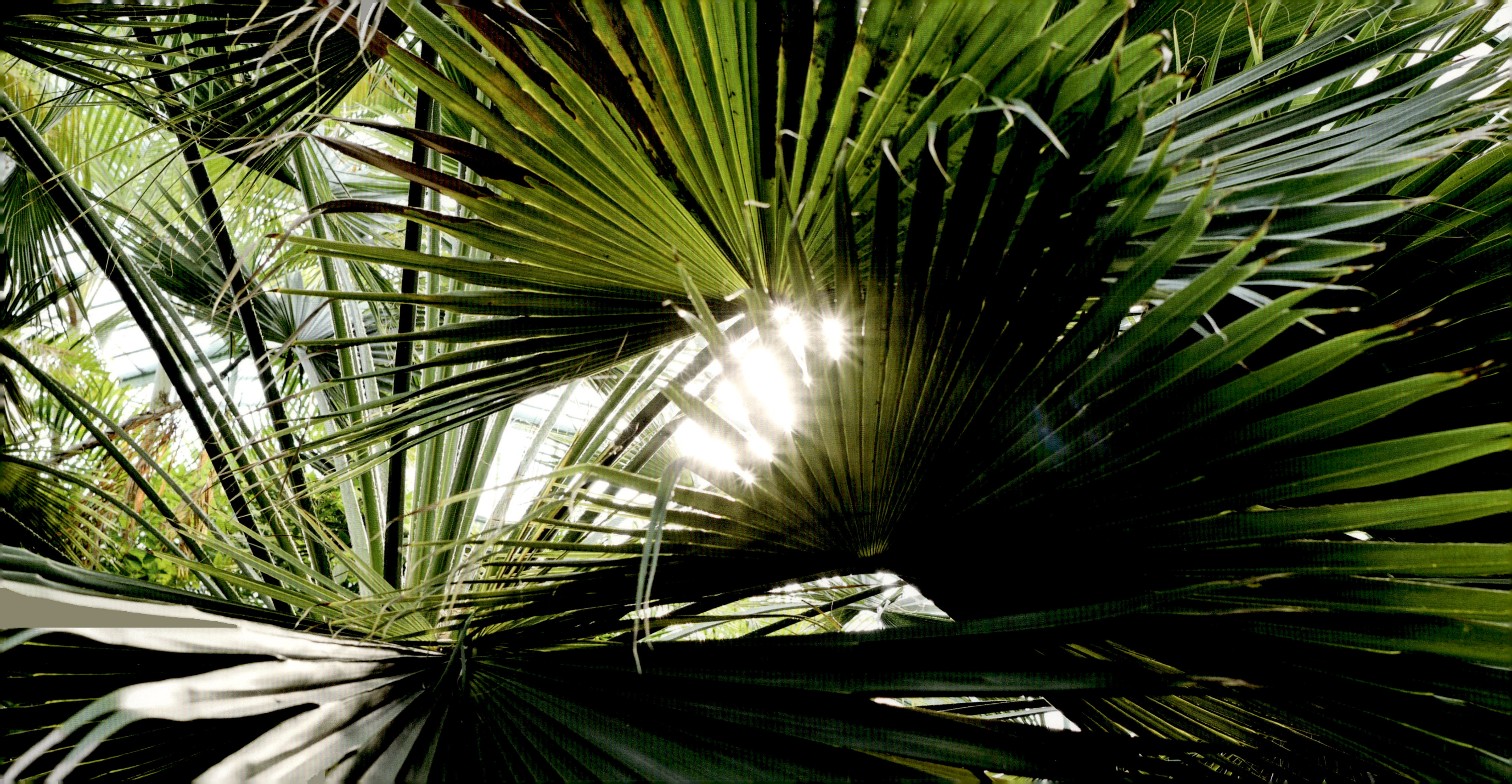

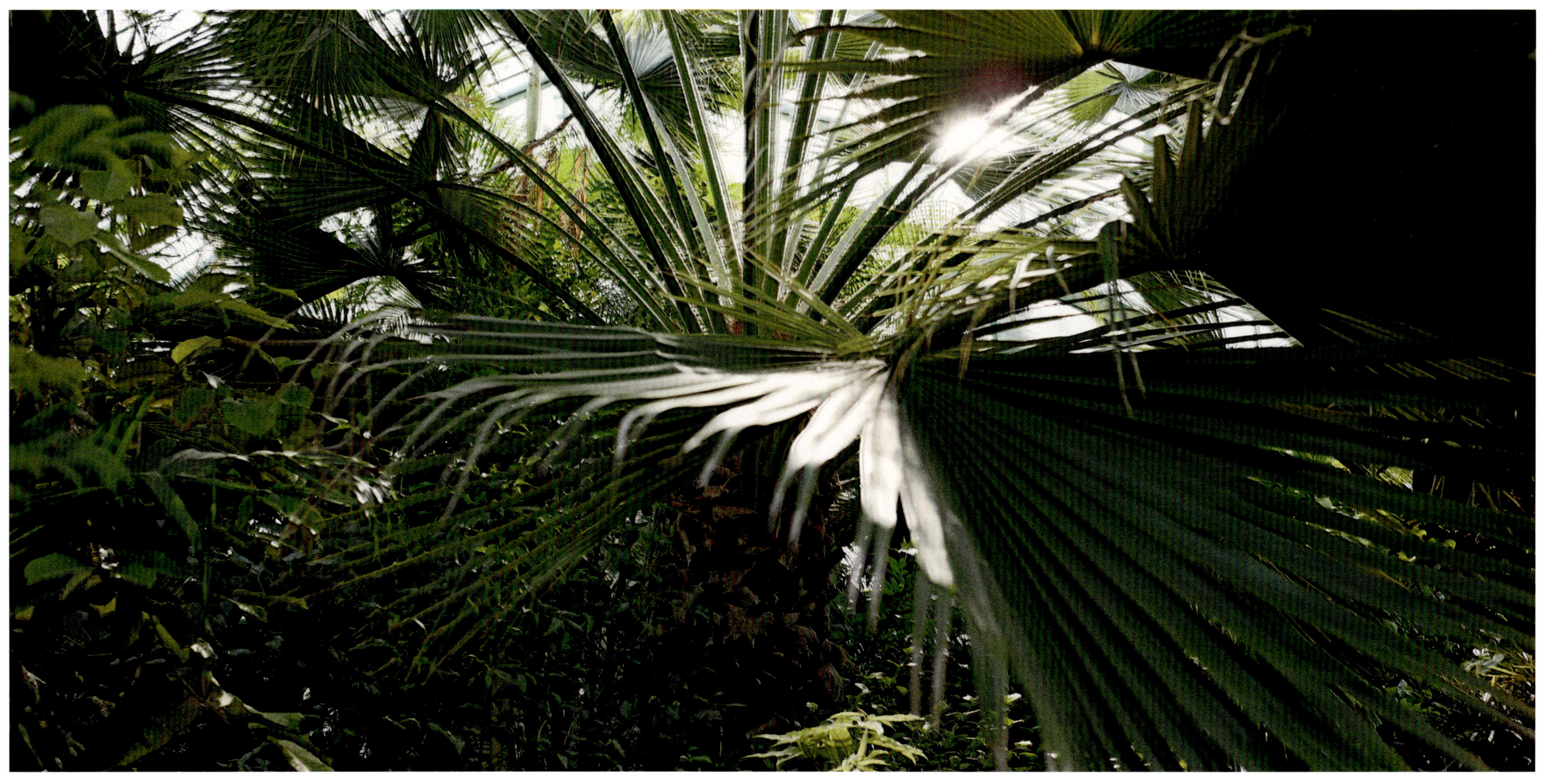

19th-century greenhouse in the botanical garden

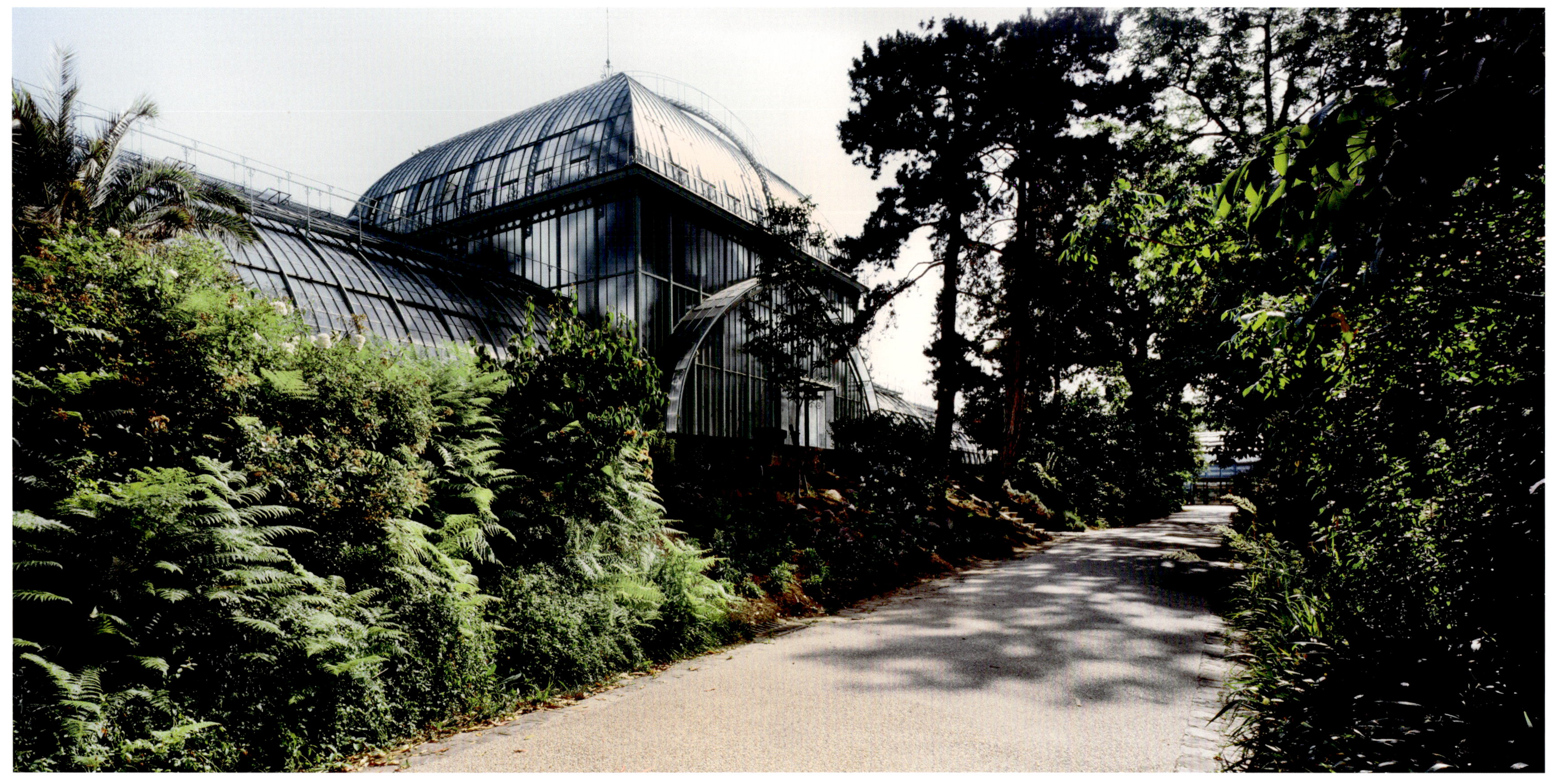

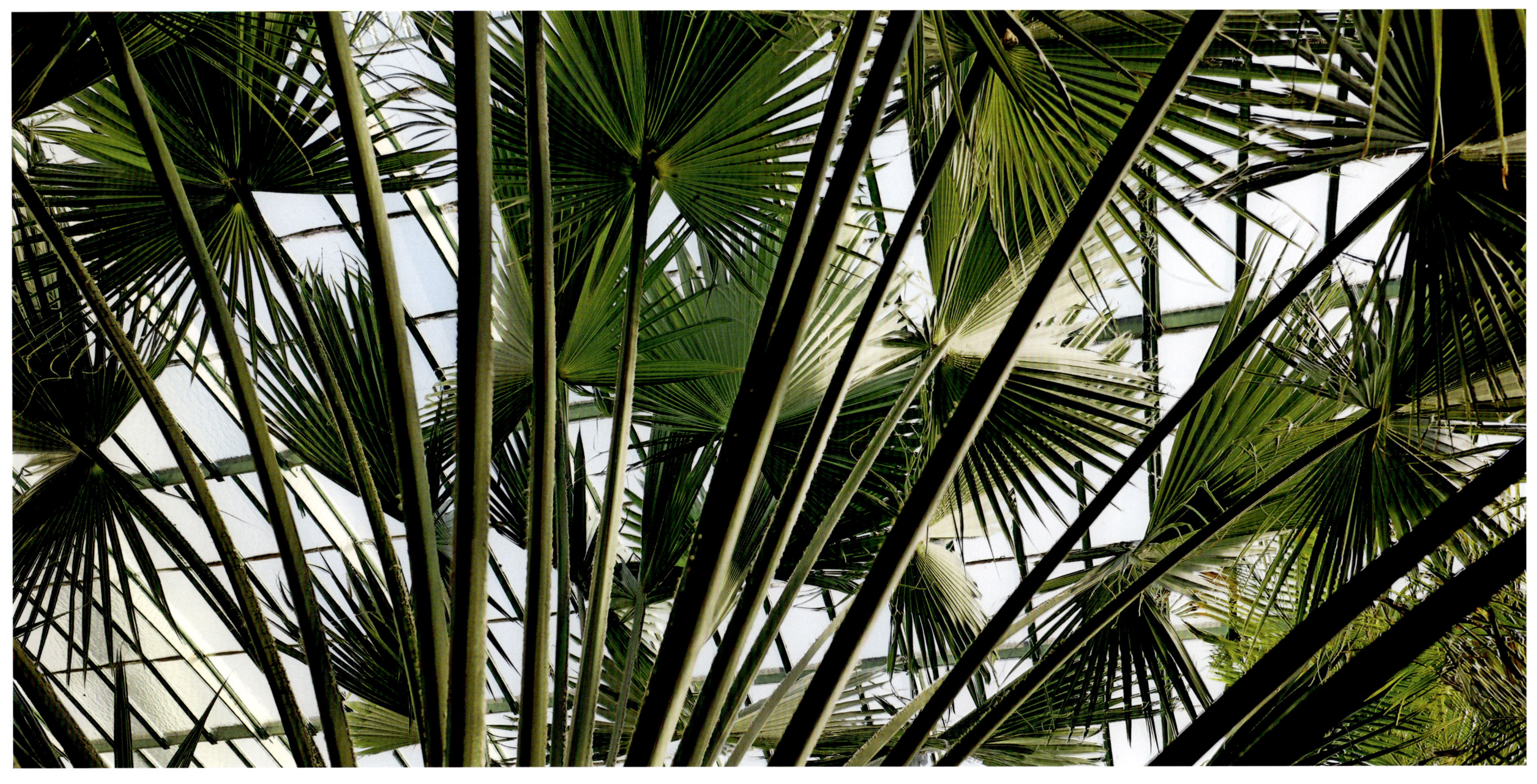

The new greenhouses in the botanical garden

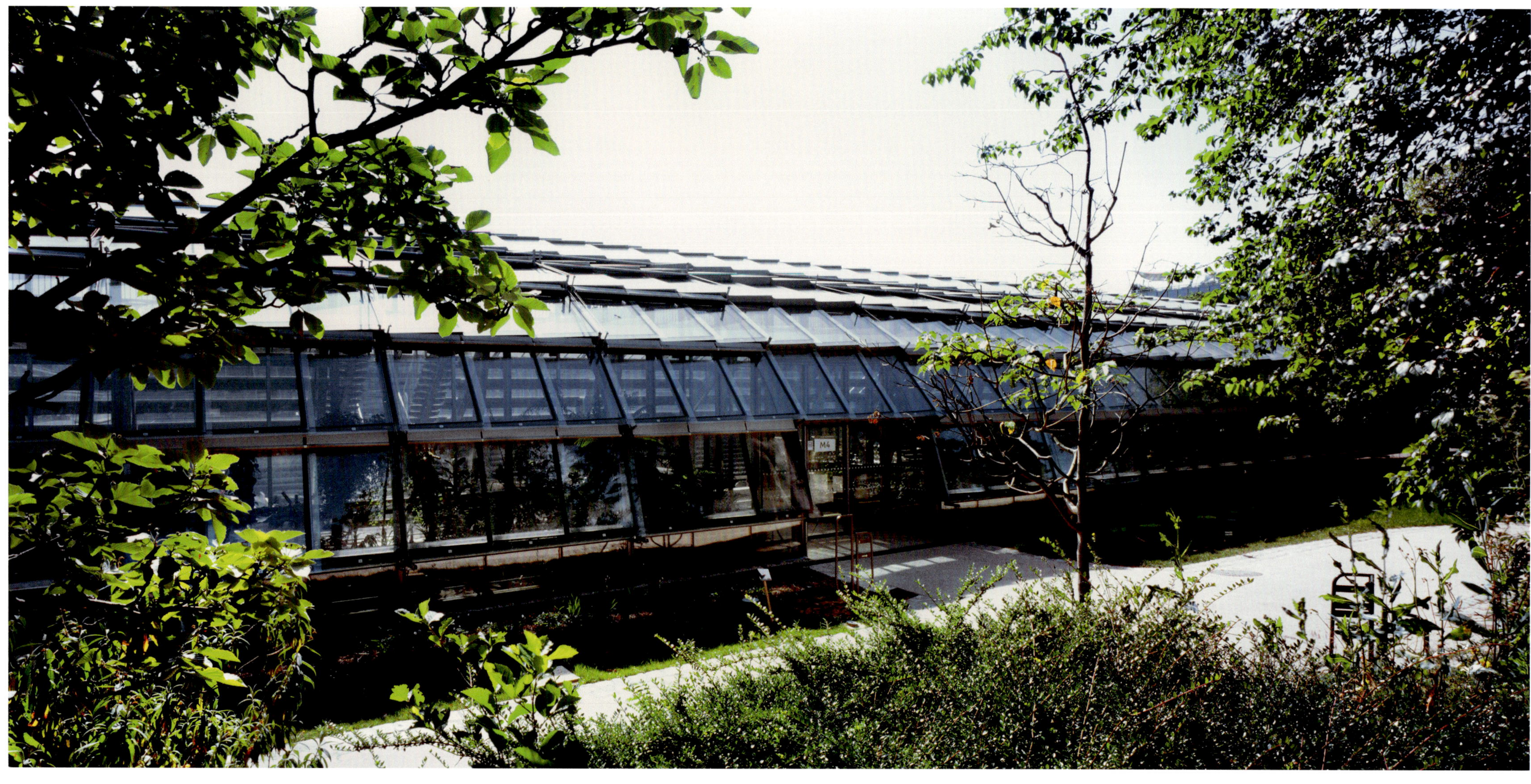

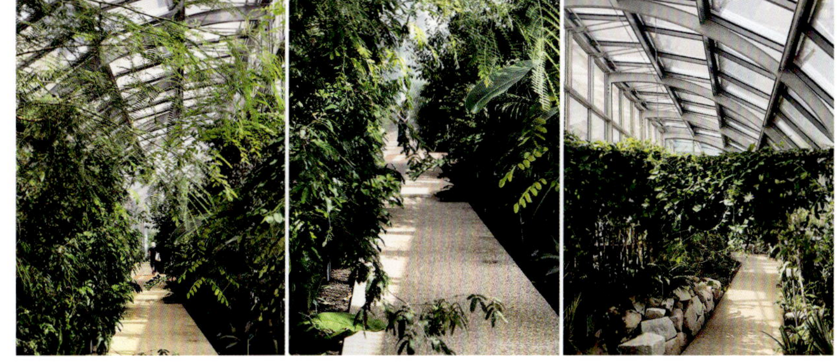

Inside the new greenhouse

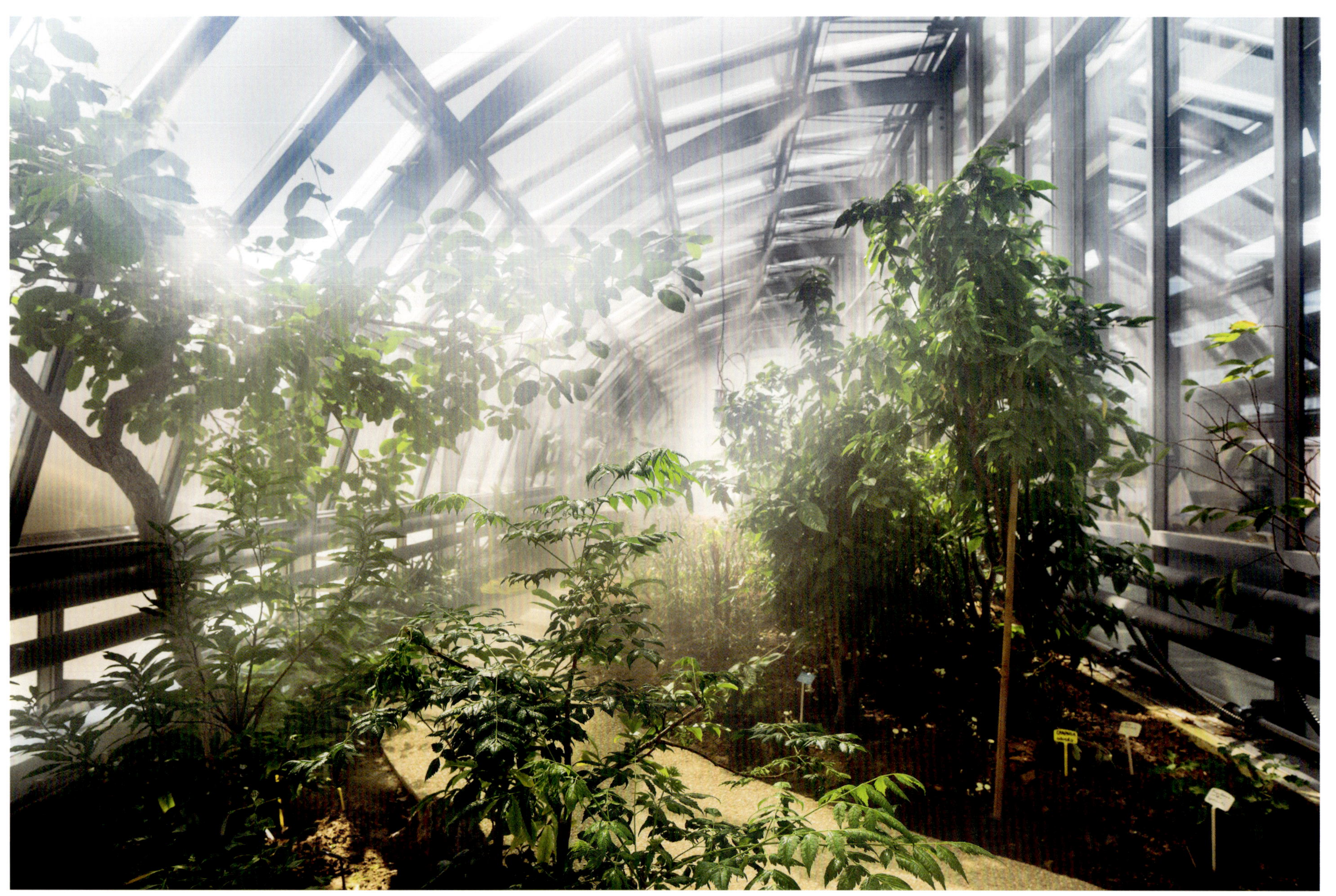

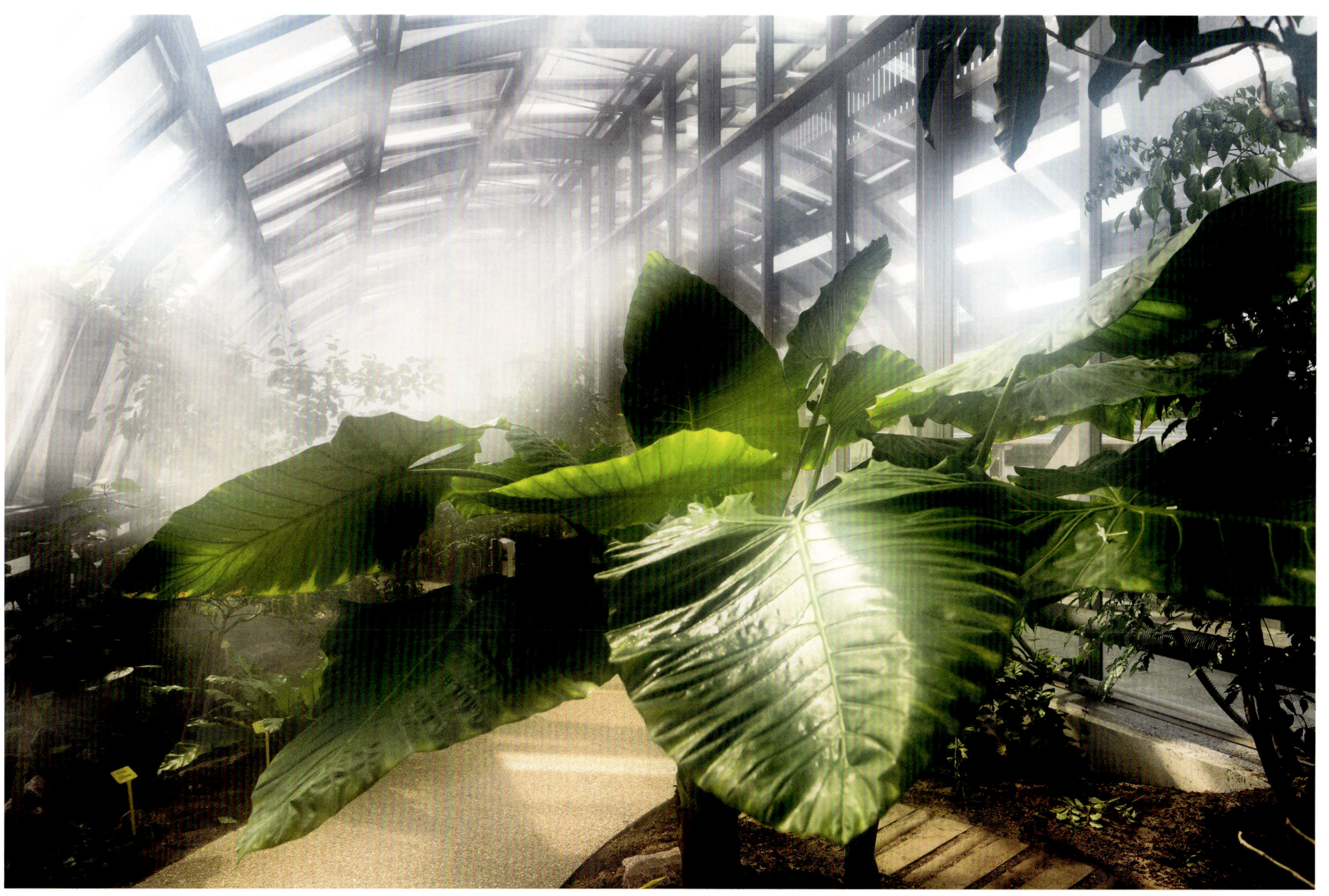

Botanical diversity in the new greenhouses

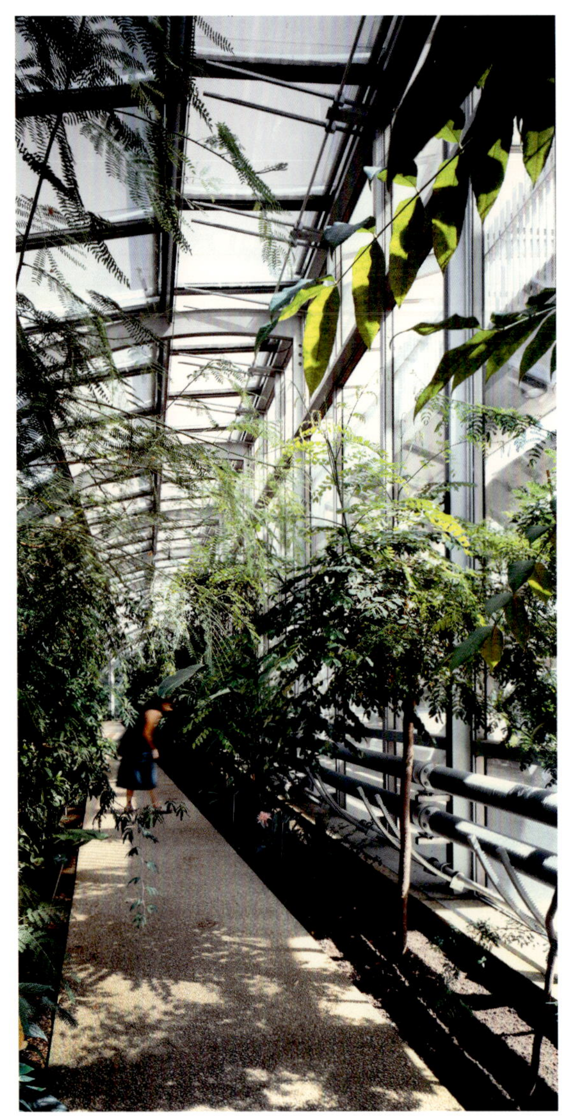

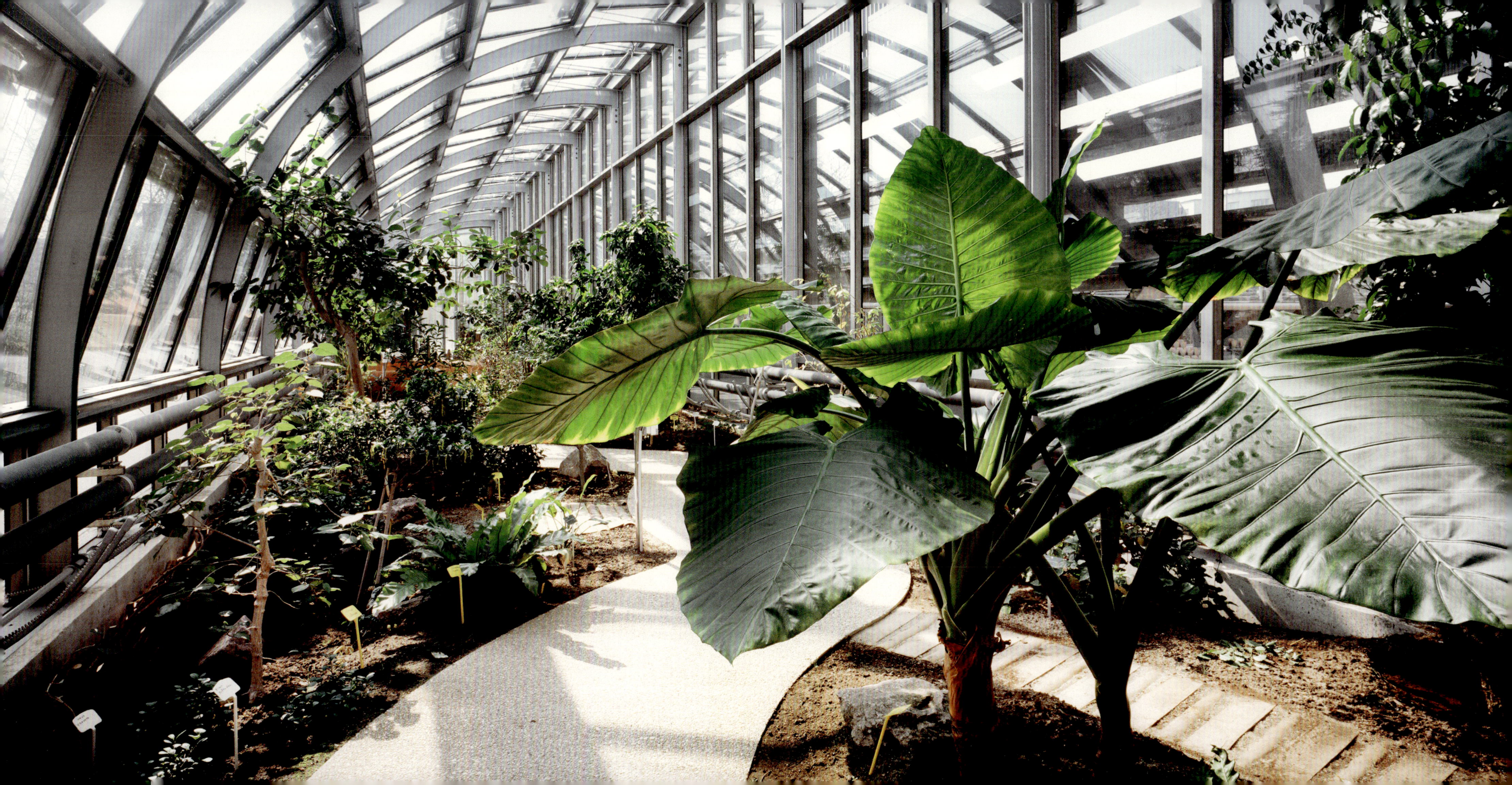

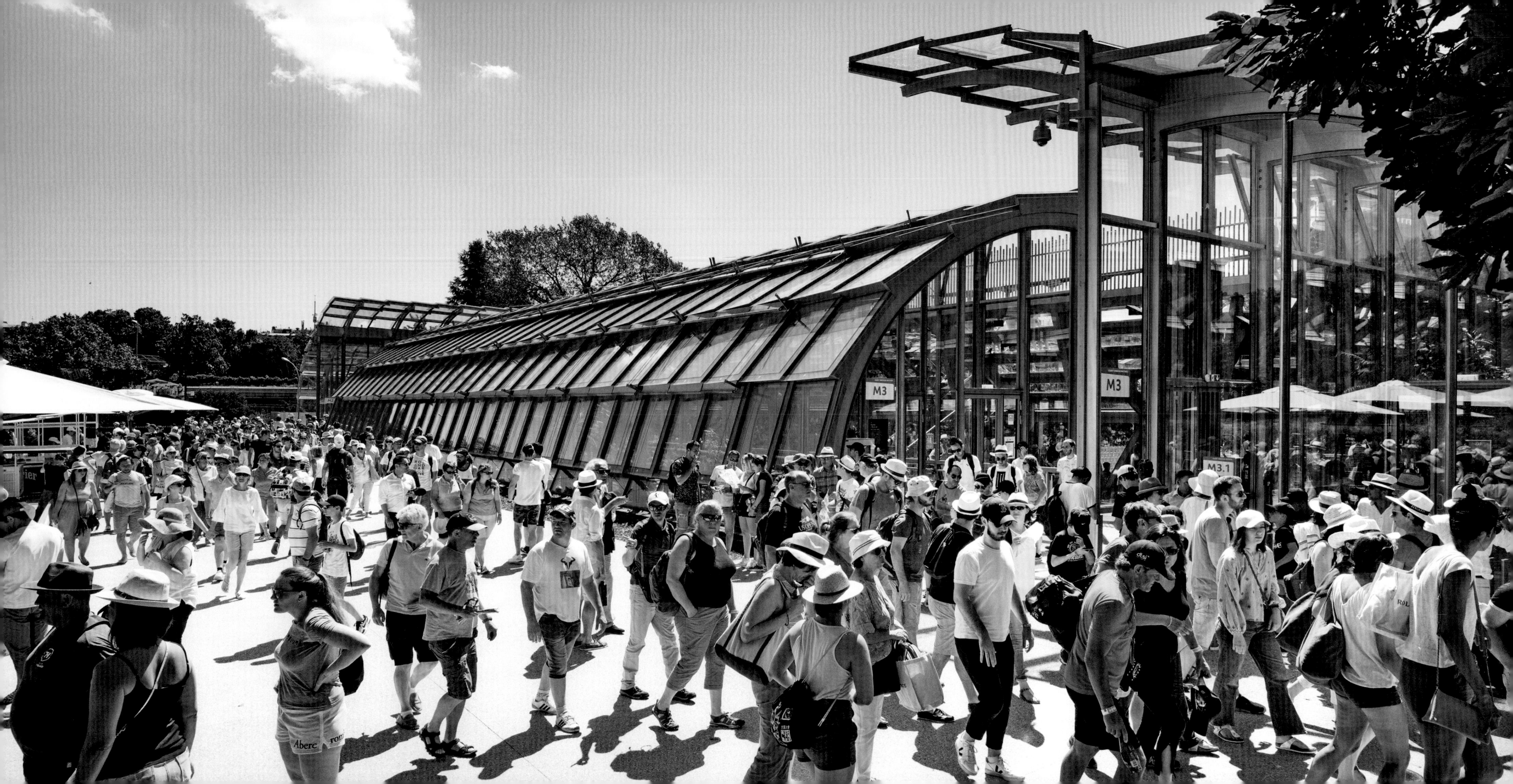
M3
M3
M3.1

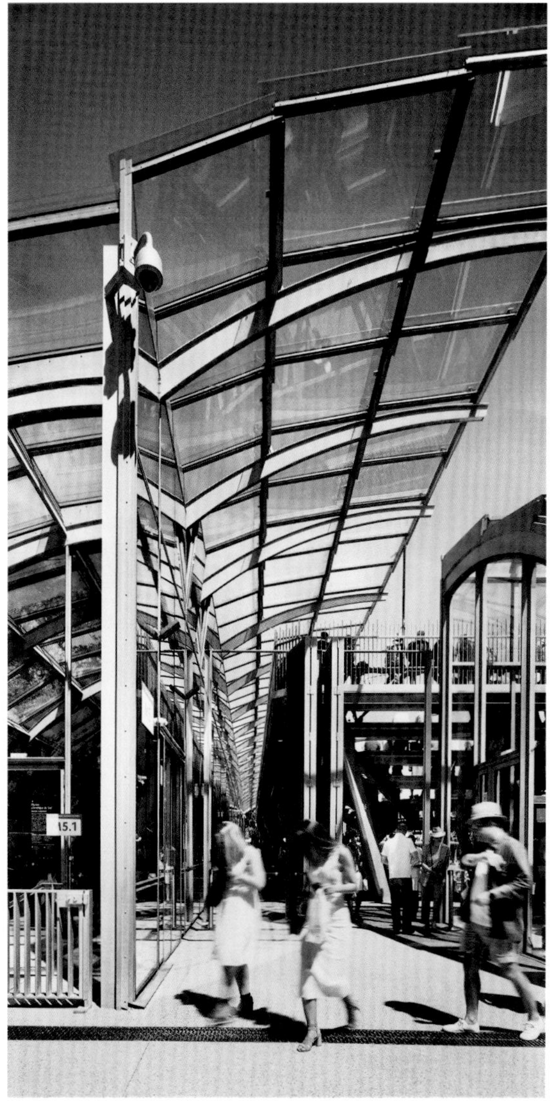
15.1

The stadium structure surrounded by the new greenhouses

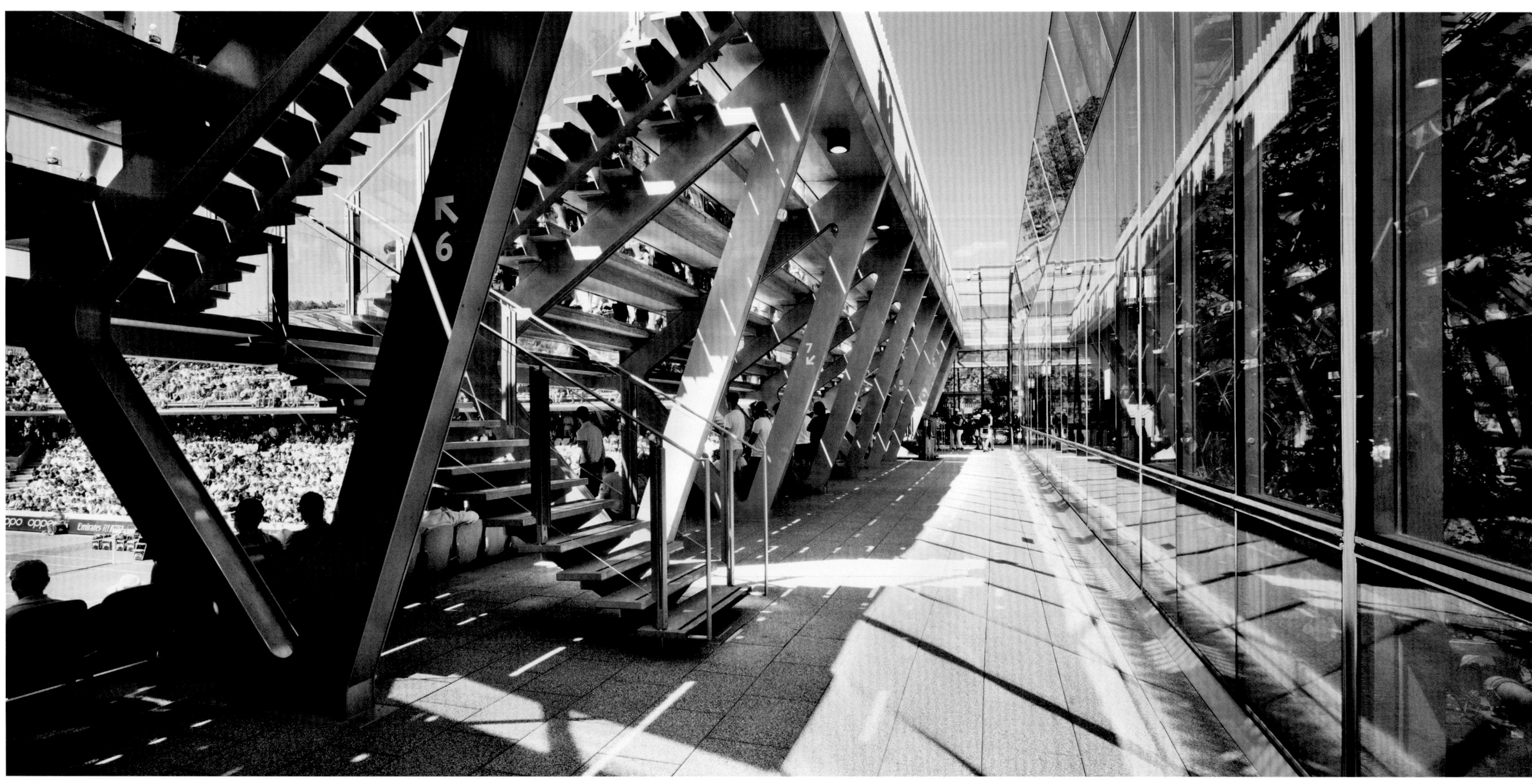

The tennis court seen from the stadium’s concourse

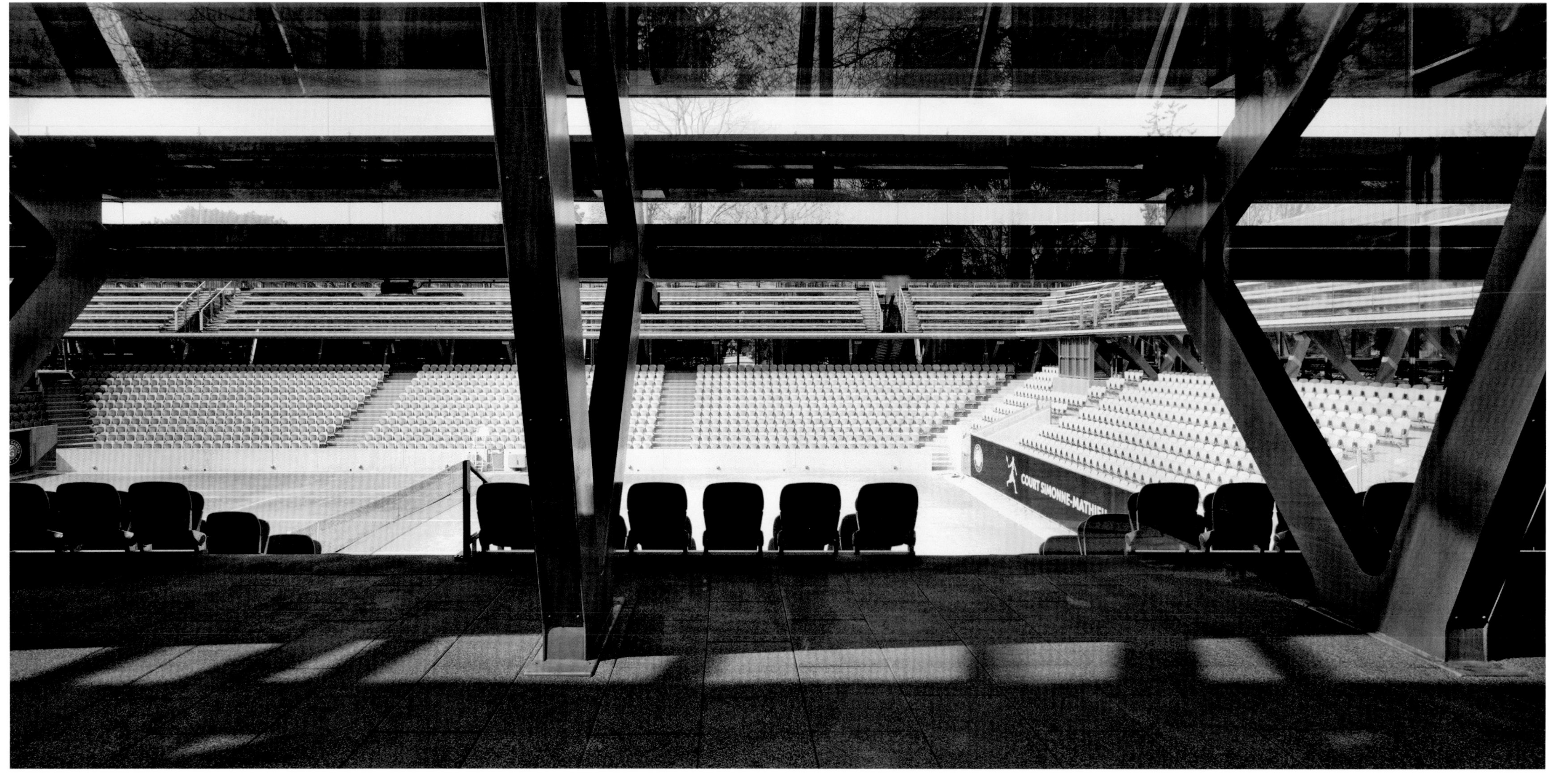

The Simonne-Mathieu tennis court

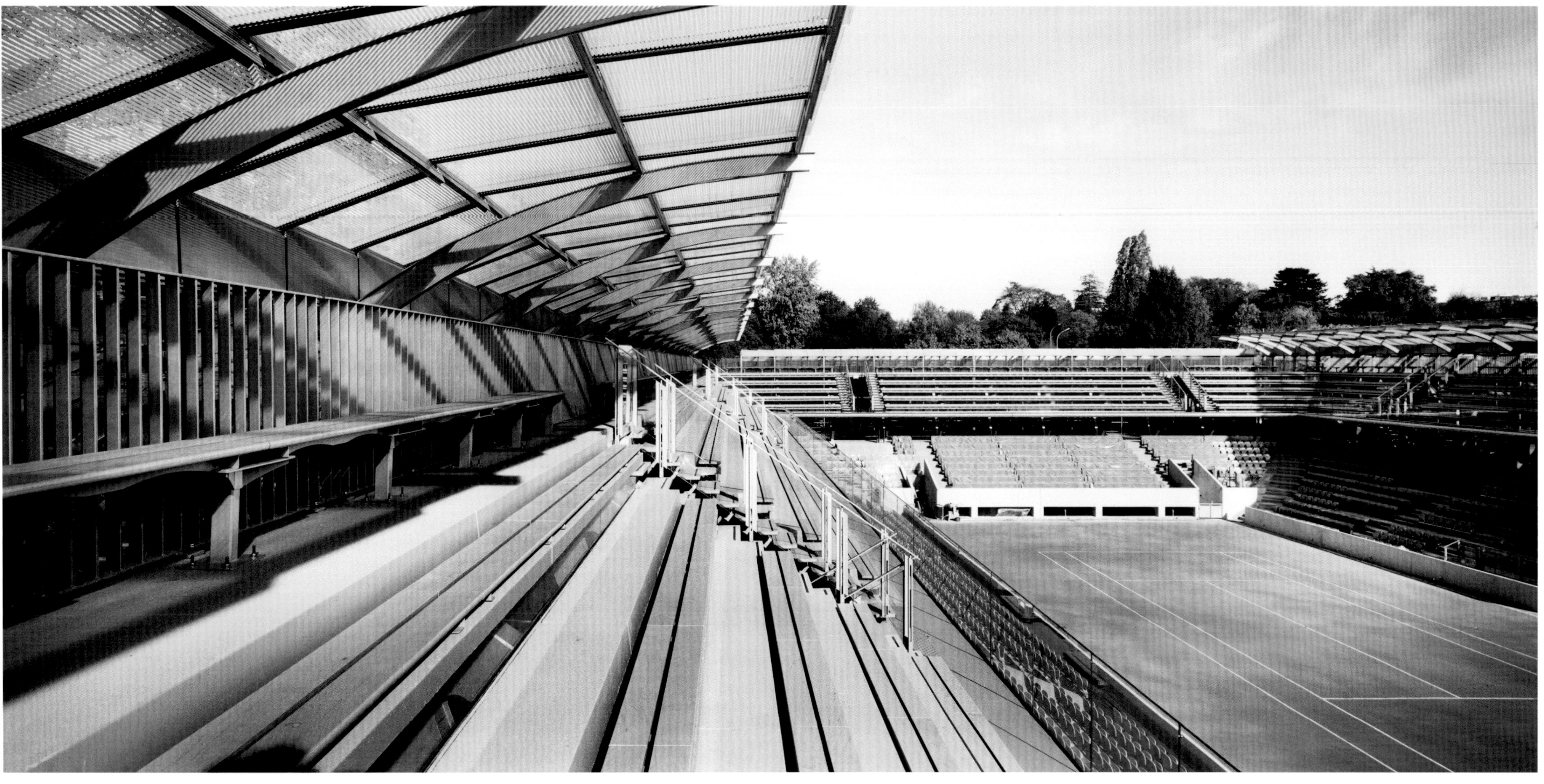

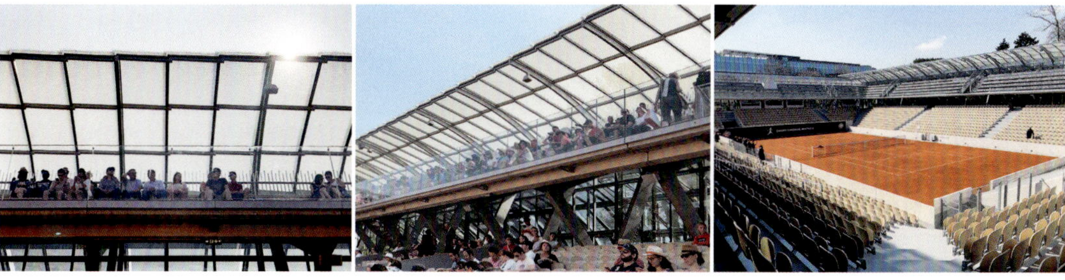

The Simonne-Mathieu tennis court

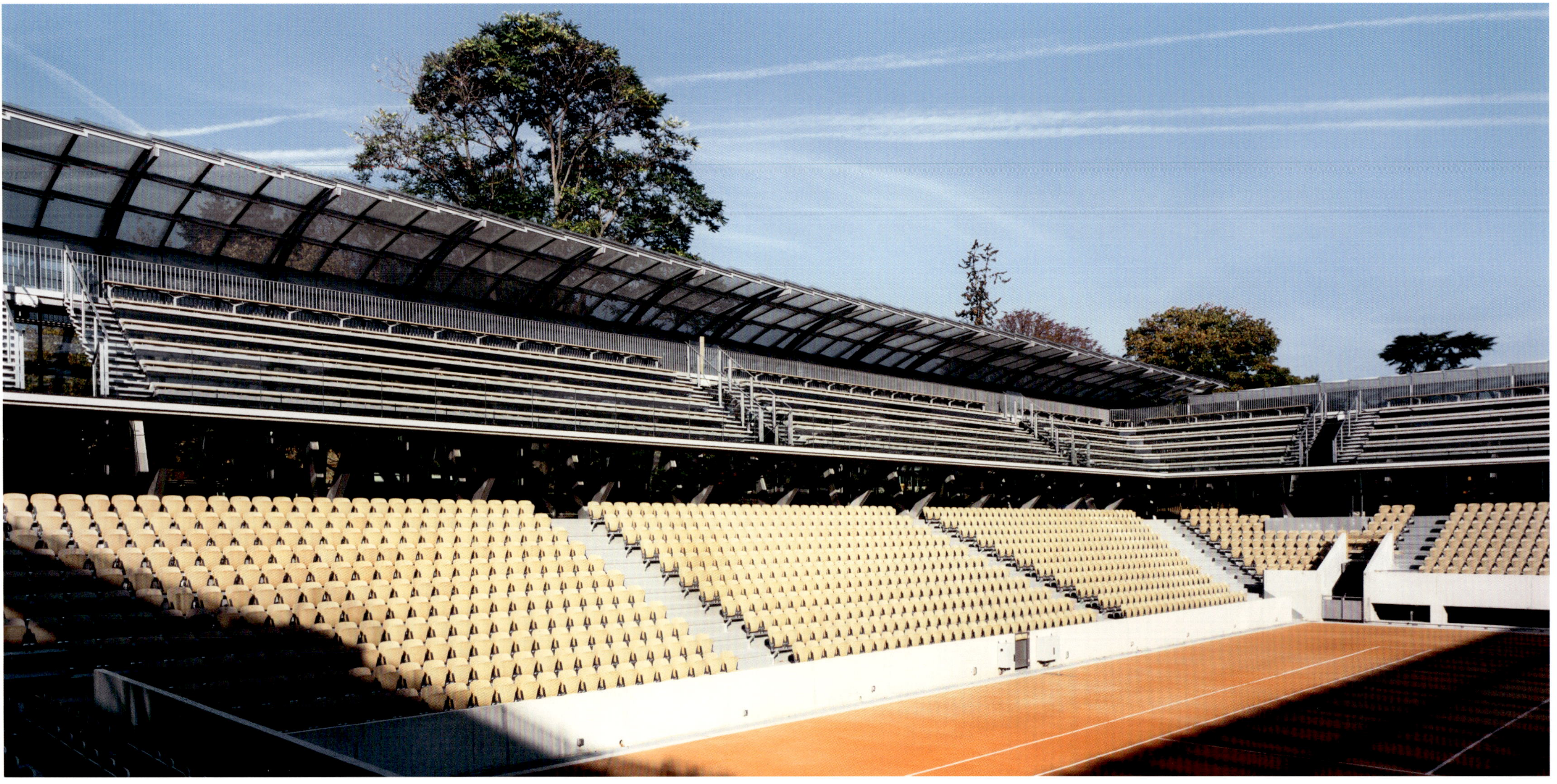

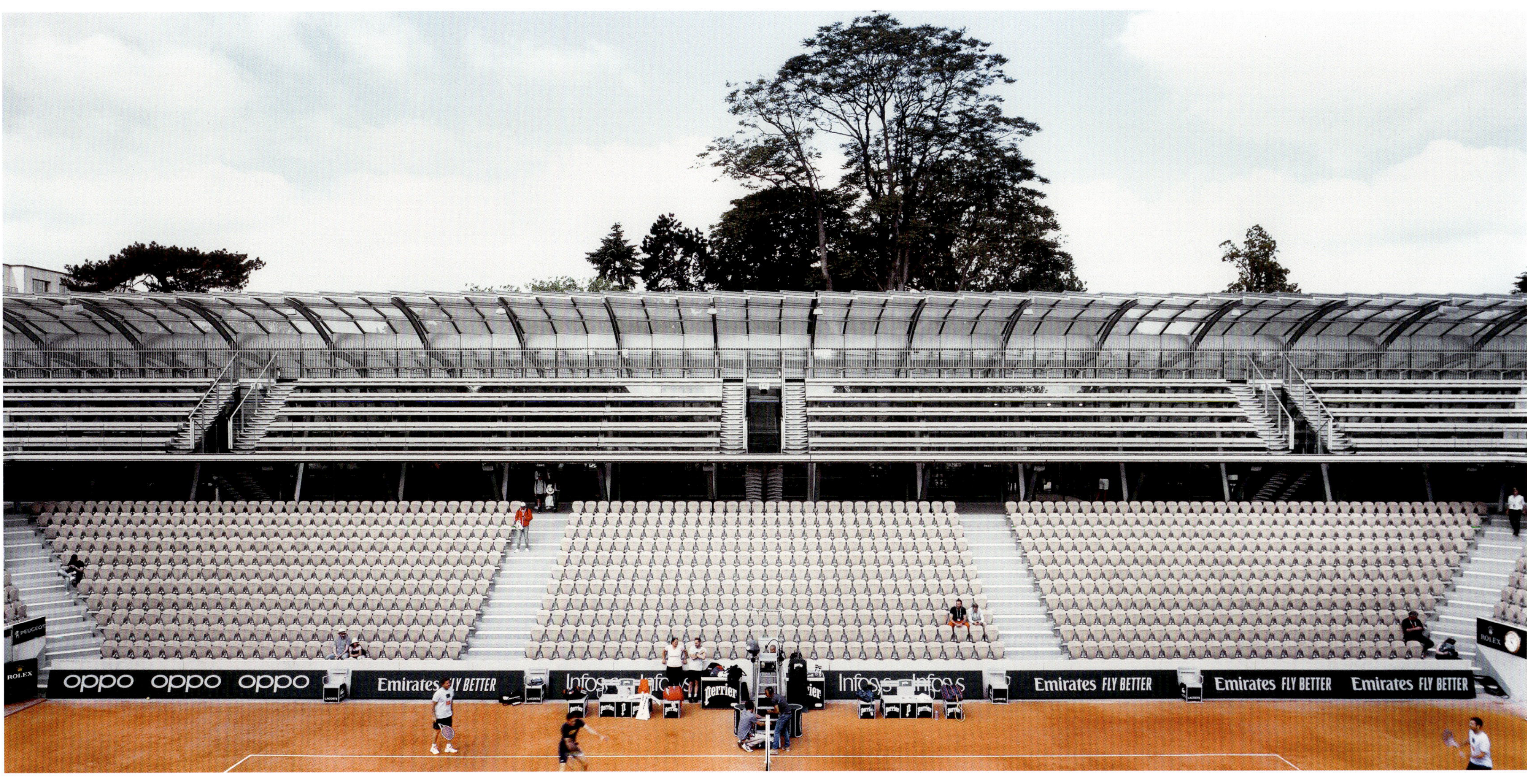
oppo oppo oppo
Emirates FLY BETTER
Emirates FLY BETTER
Emirates FLY BETTER
Perrier
ROLEX

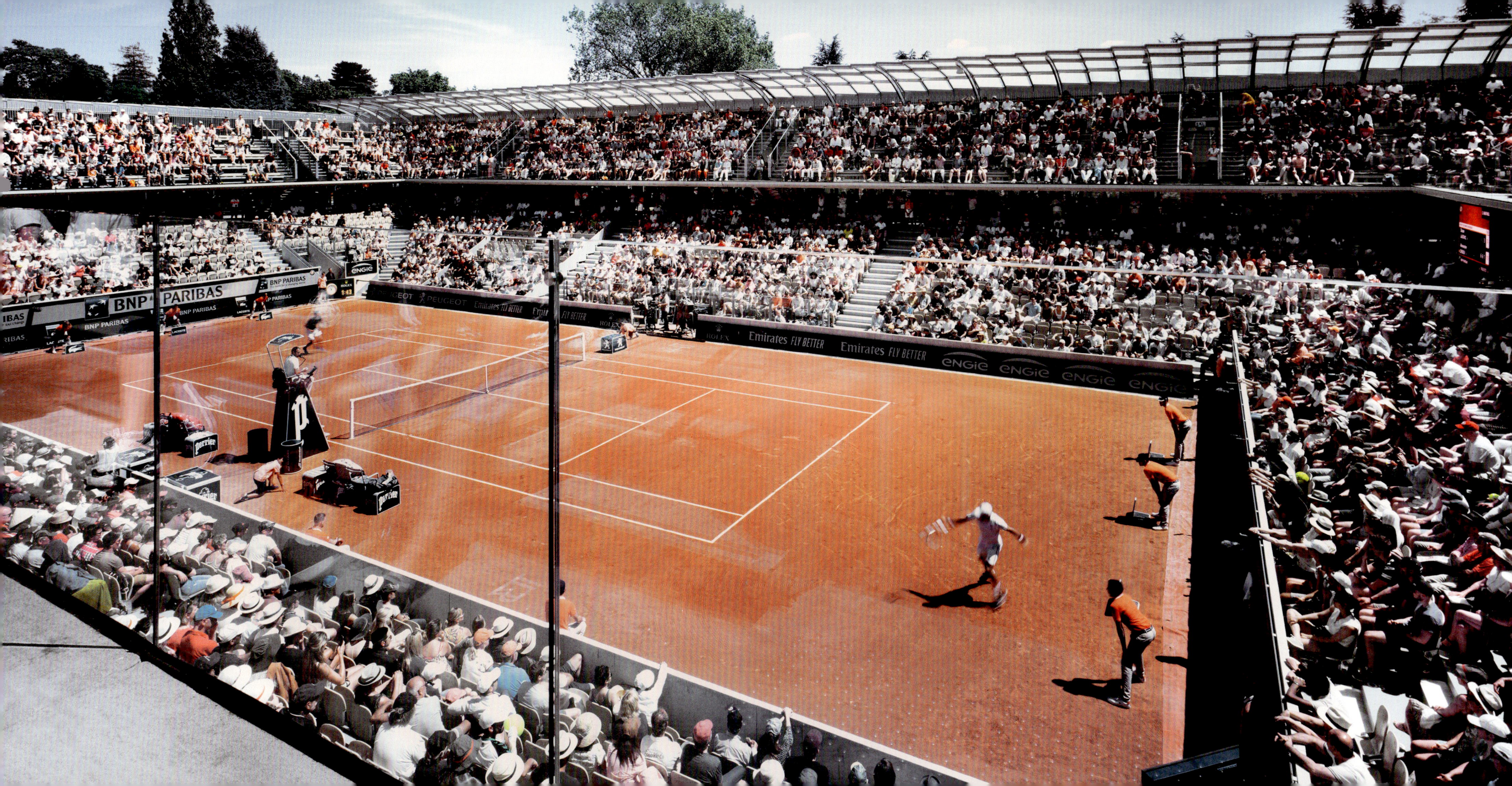
BNP PARIBAS
PEUGEOT
Emirates FLY BETTER
Emirates FLY BETTER
ENGIE
ENGIE
ENGIE
perrier

French Open 2019

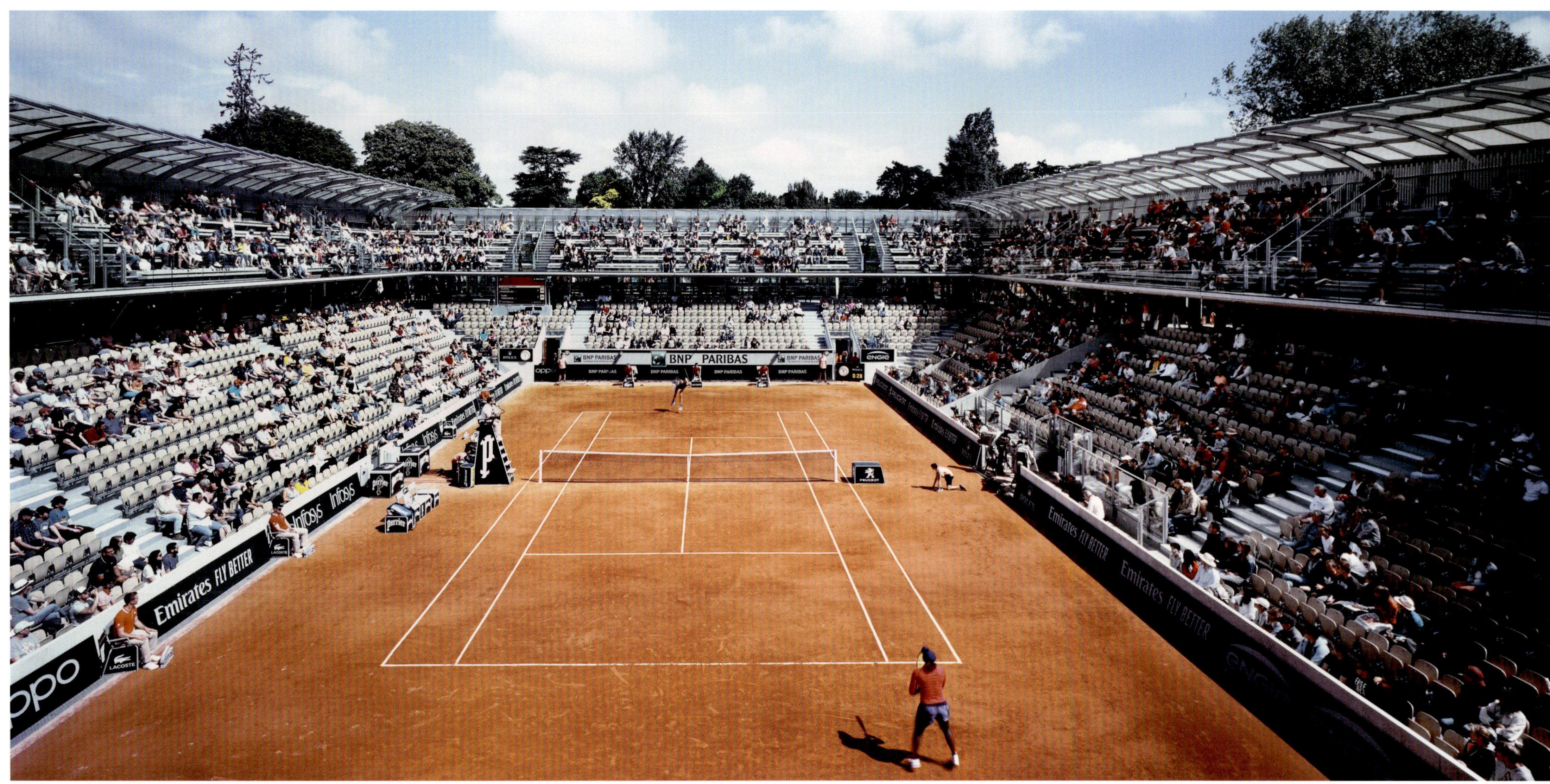

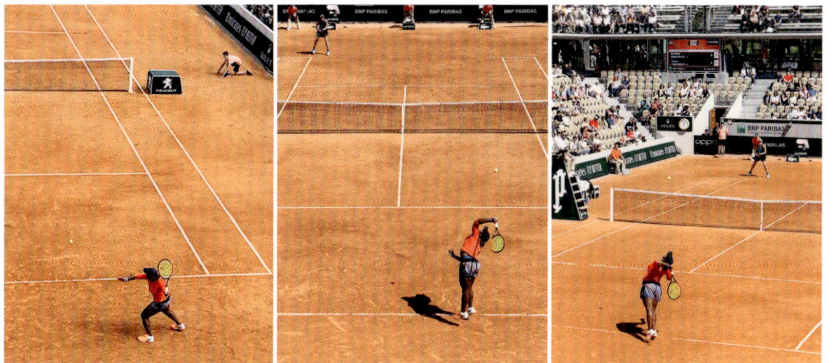

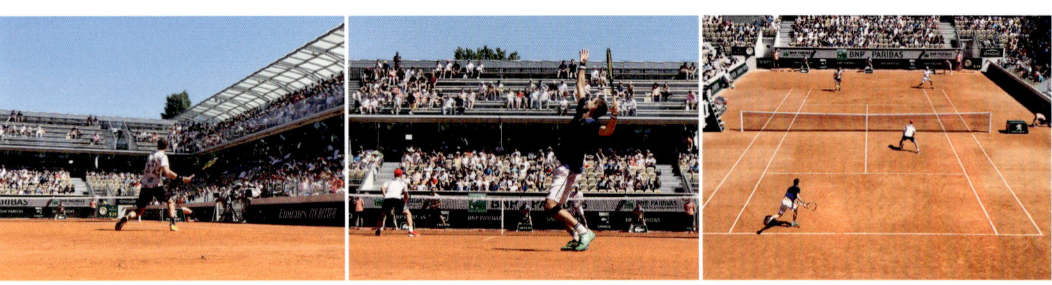

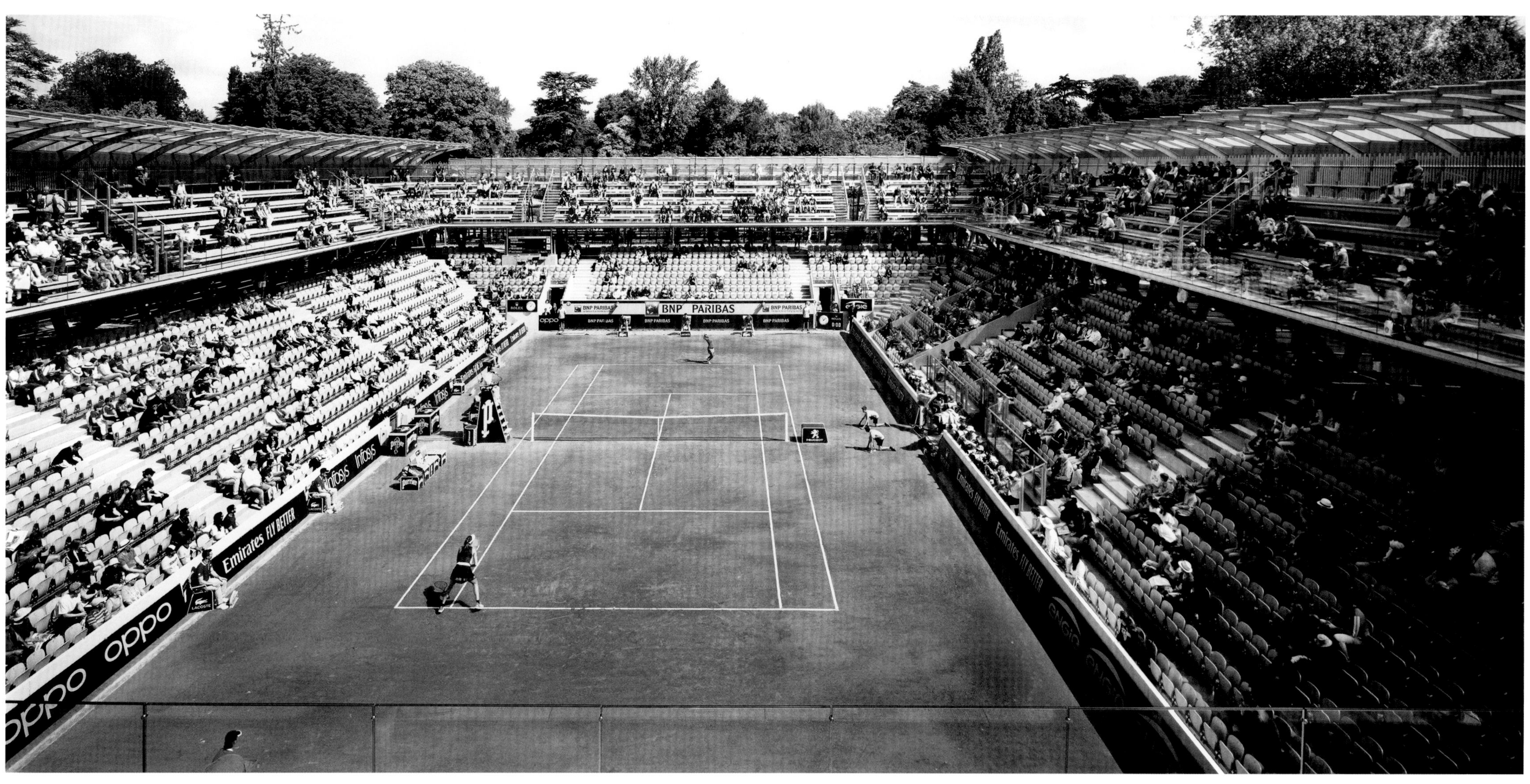
BNP PARIBAS
Emirates FLY BETTER
oppo
Infosys

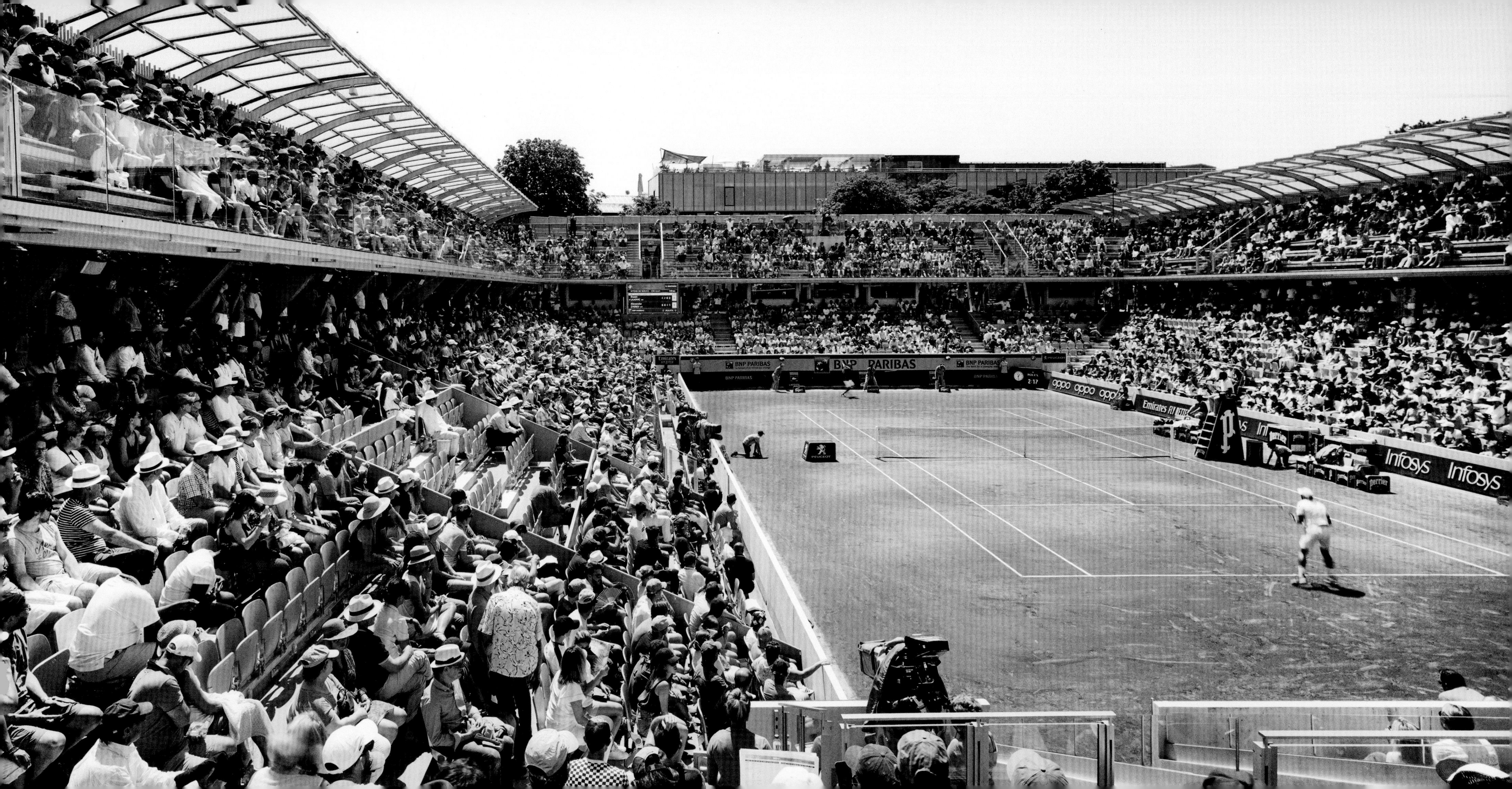
BNP PARIBAS
oppo oppo oppo
Infosys
Infosys
PEUGEOT

Construction of the new greenhouses

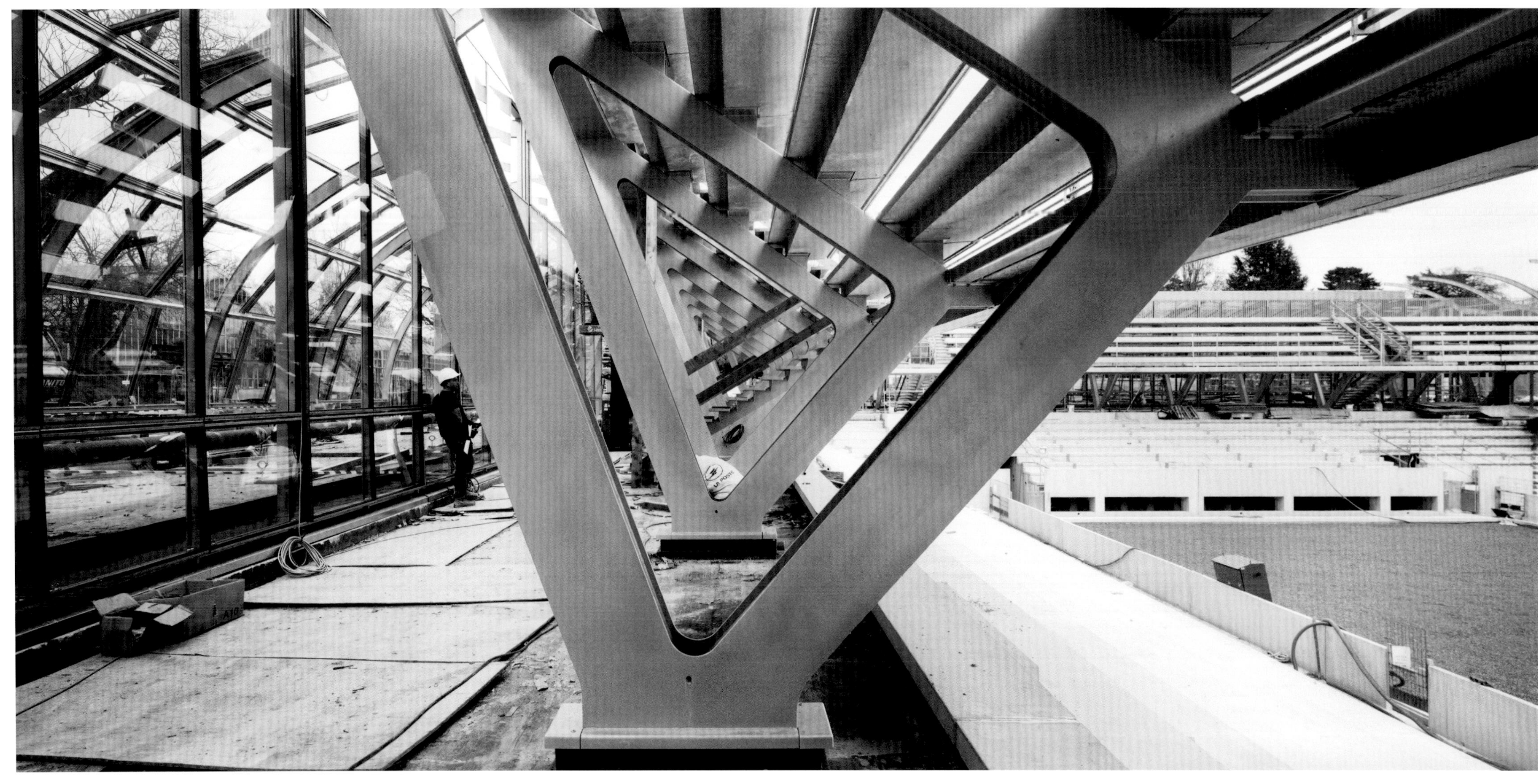

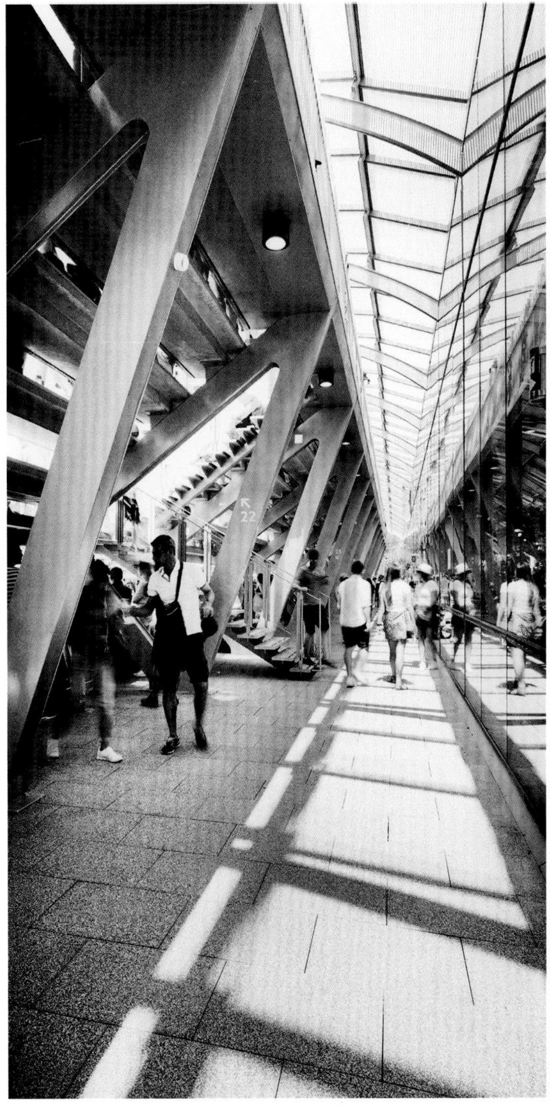

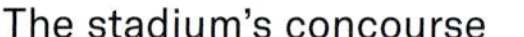
The stadium's concourse

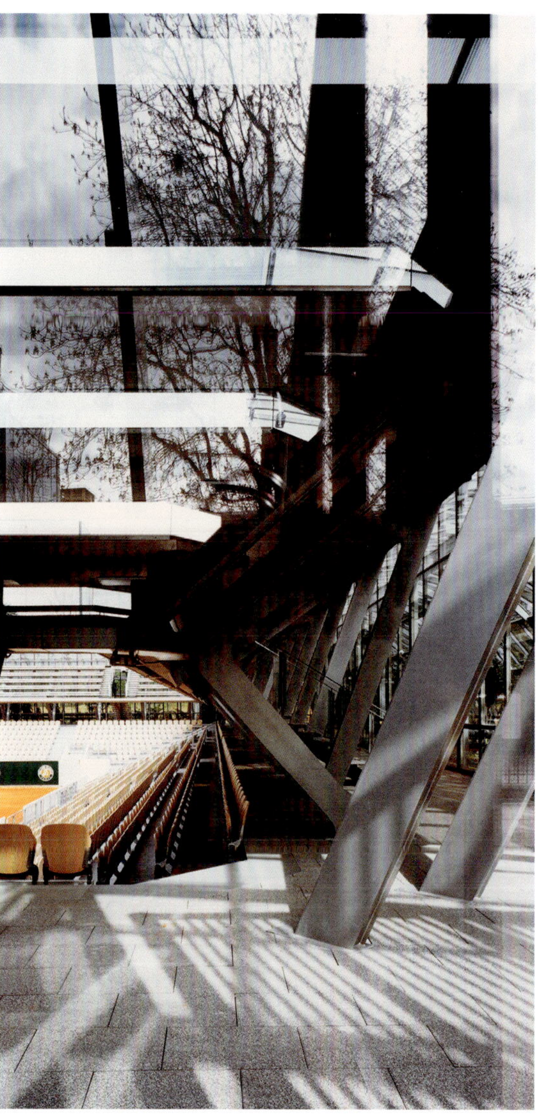

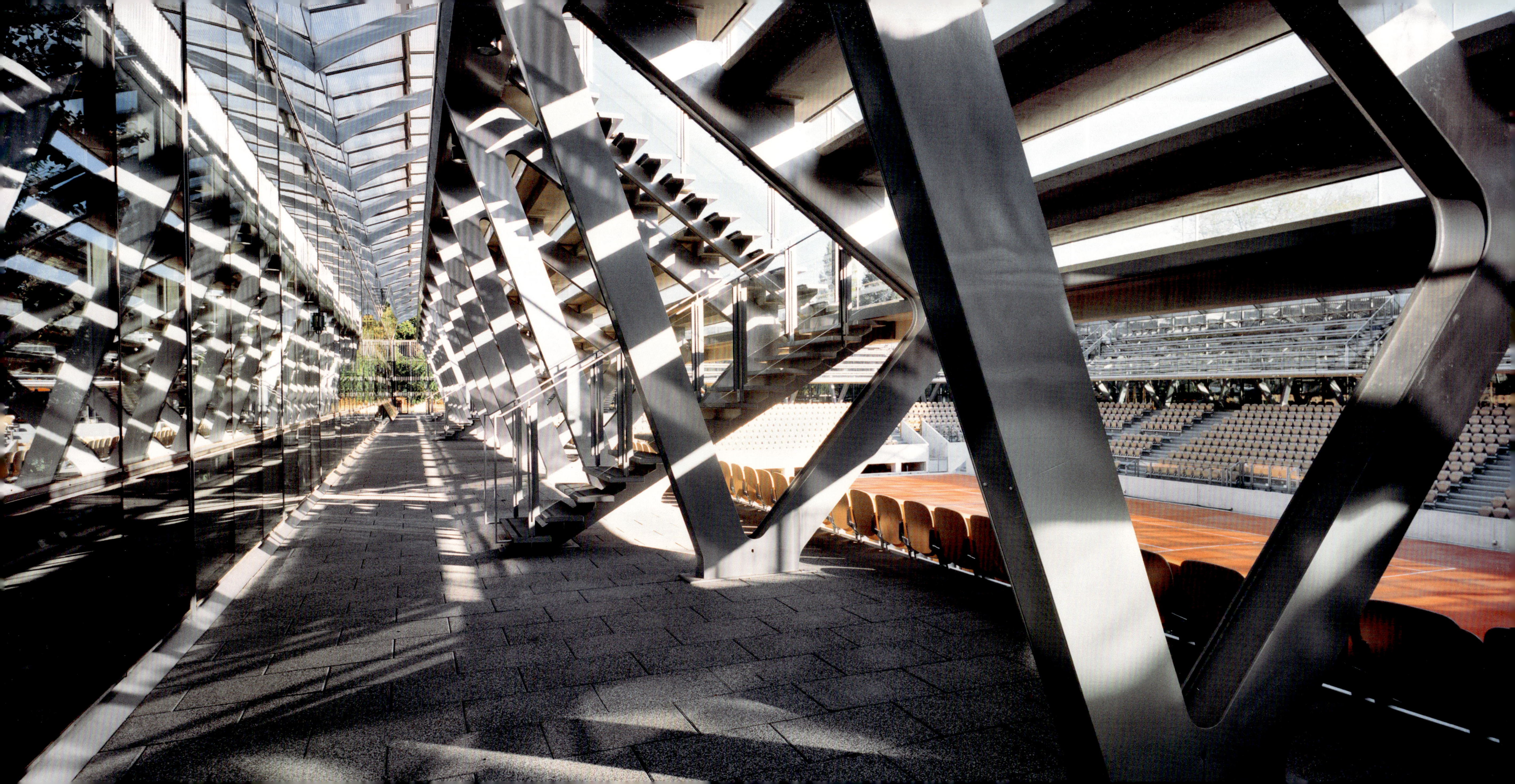

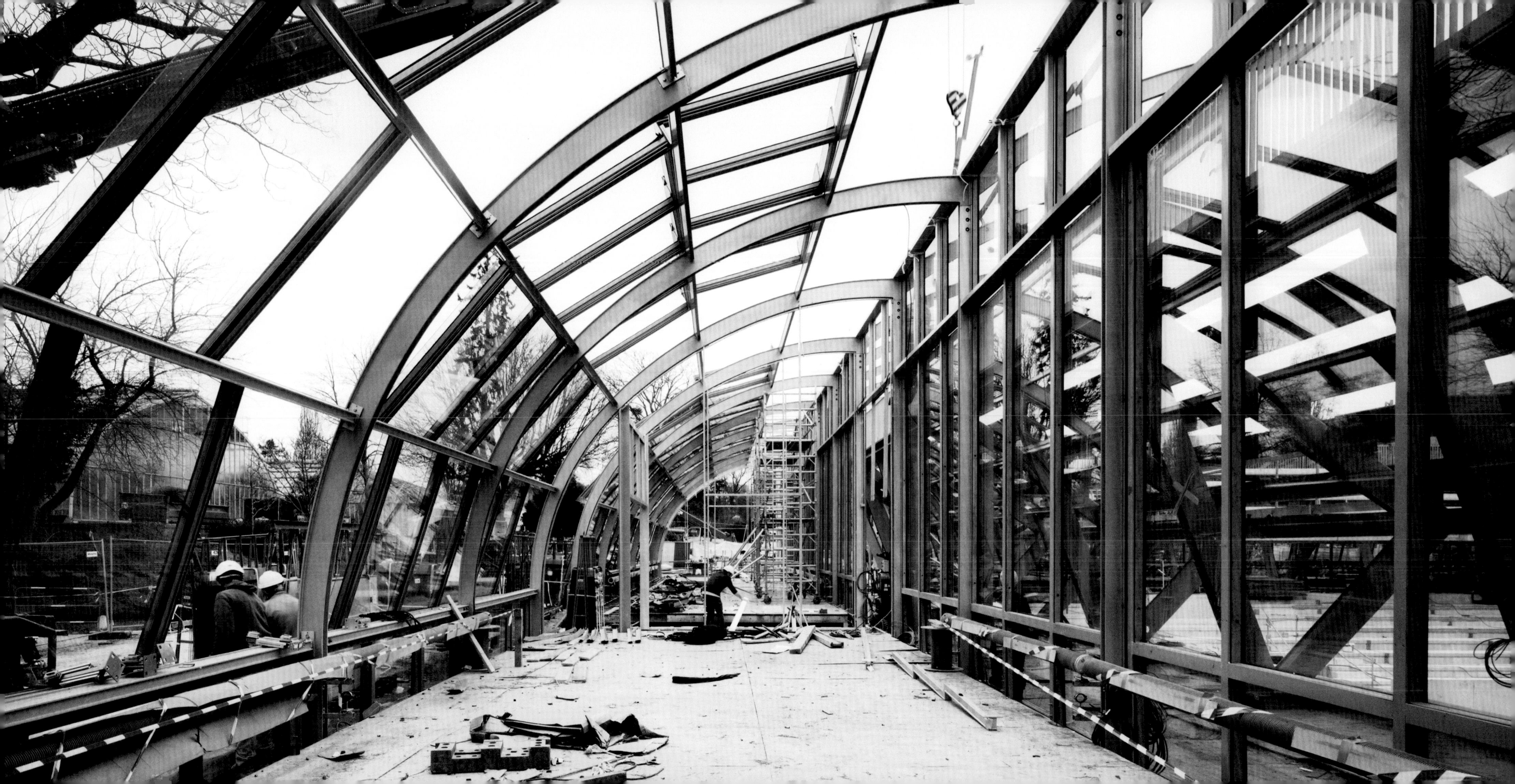

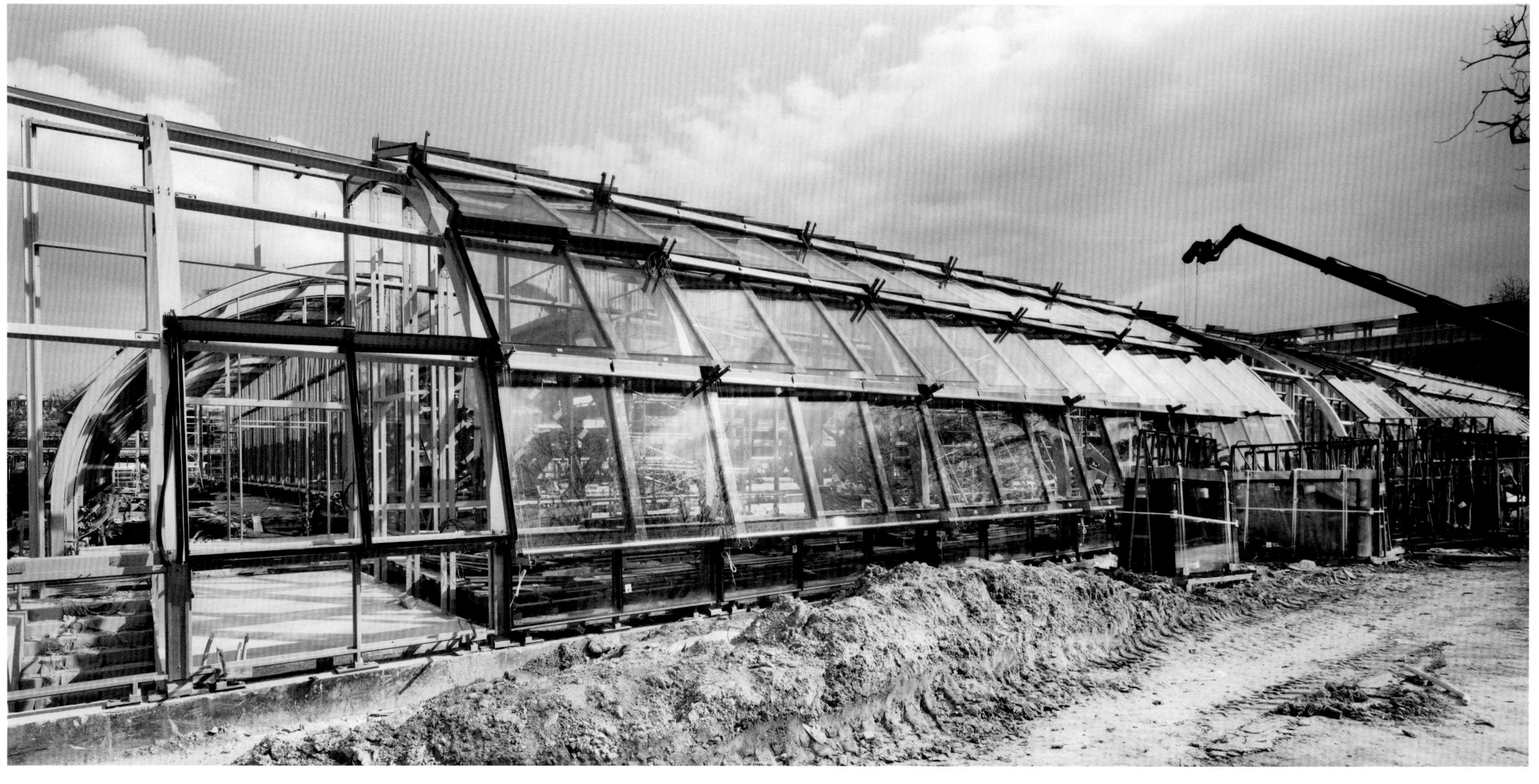

Pathway to the new greenhouses

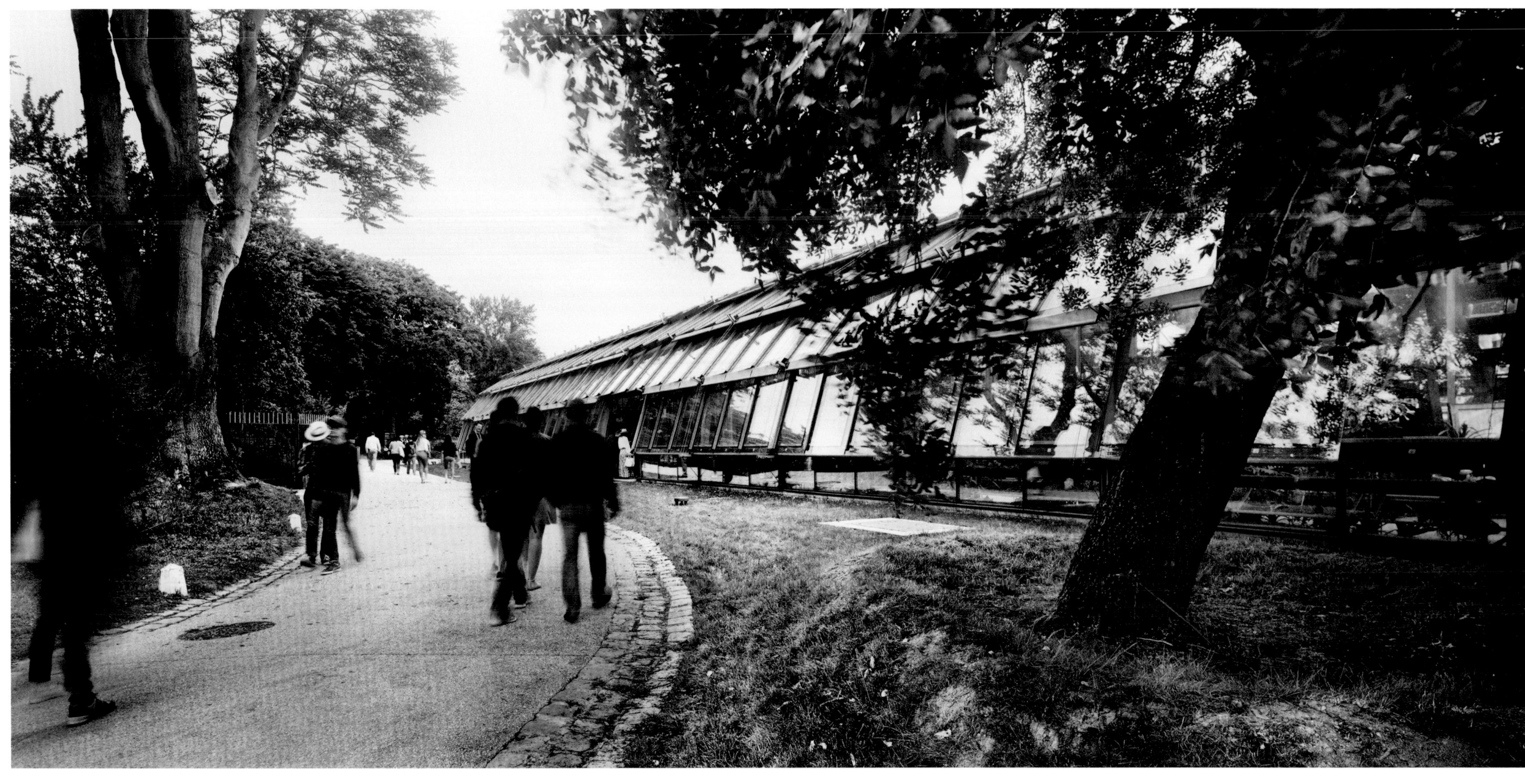

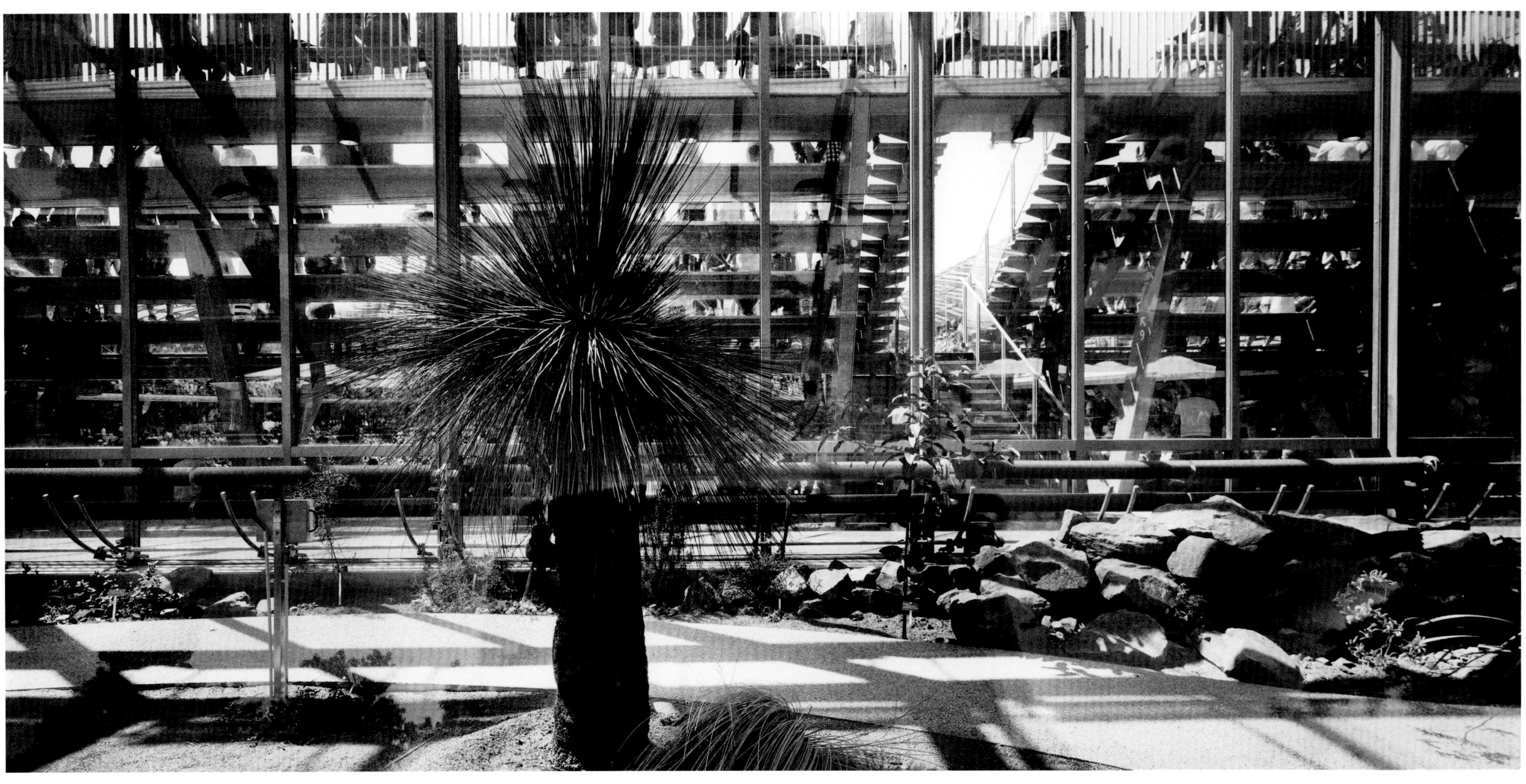

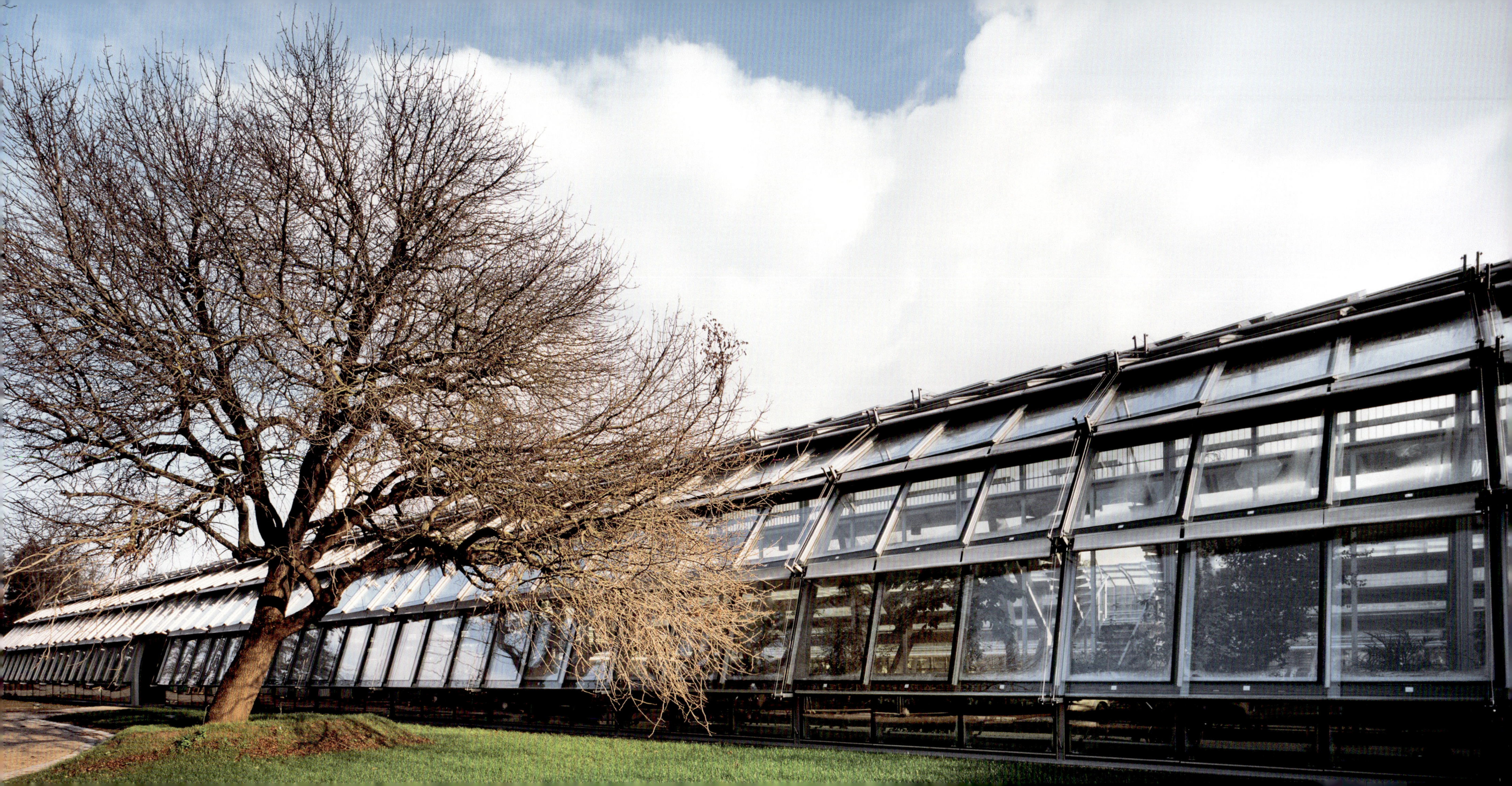

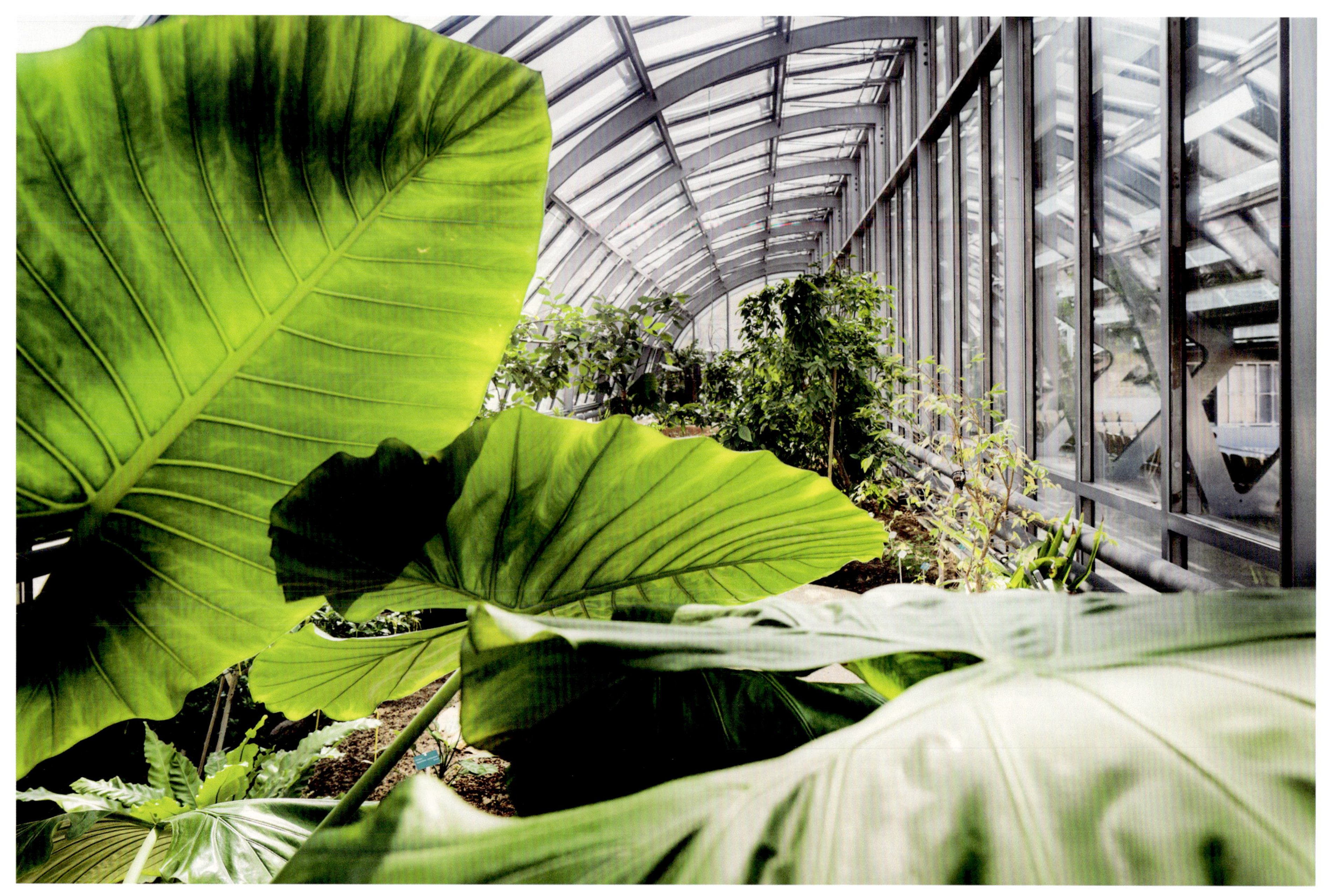

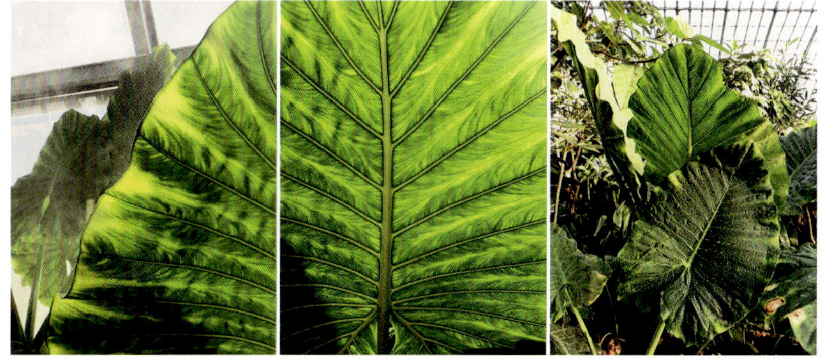

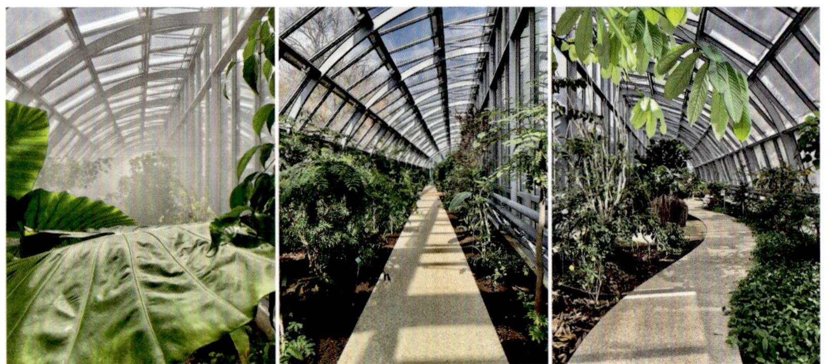

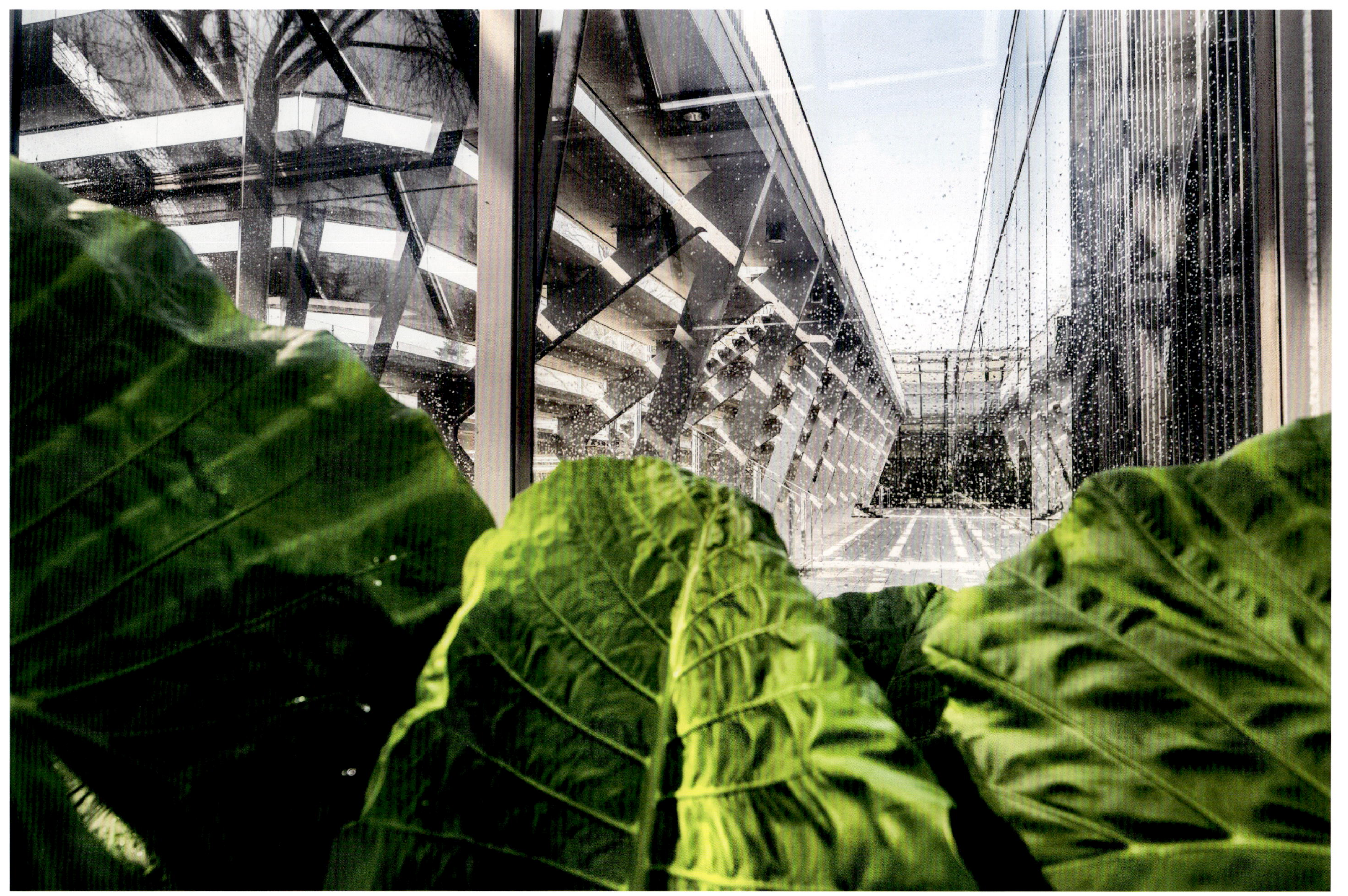

The stadium's concourse

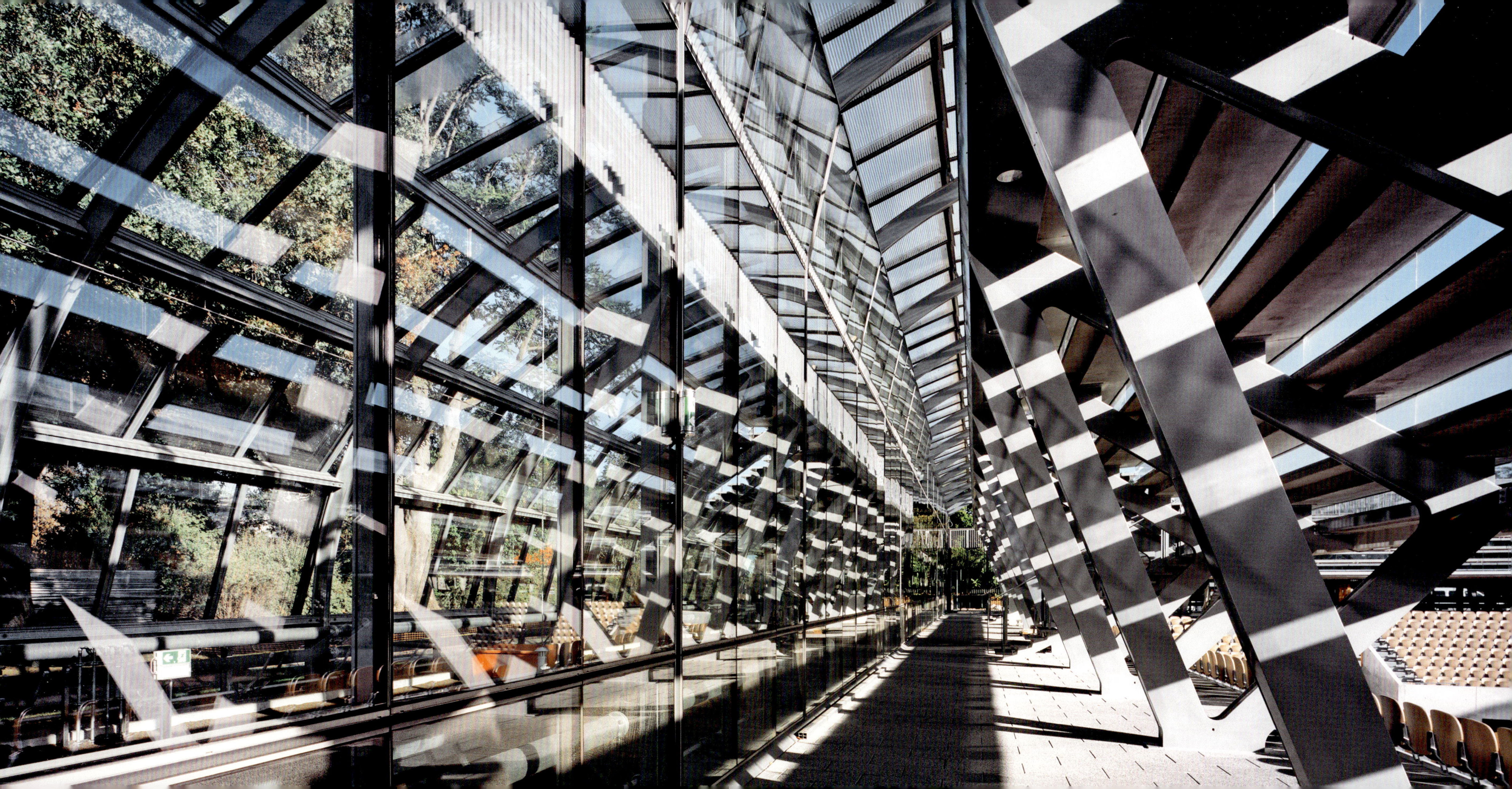

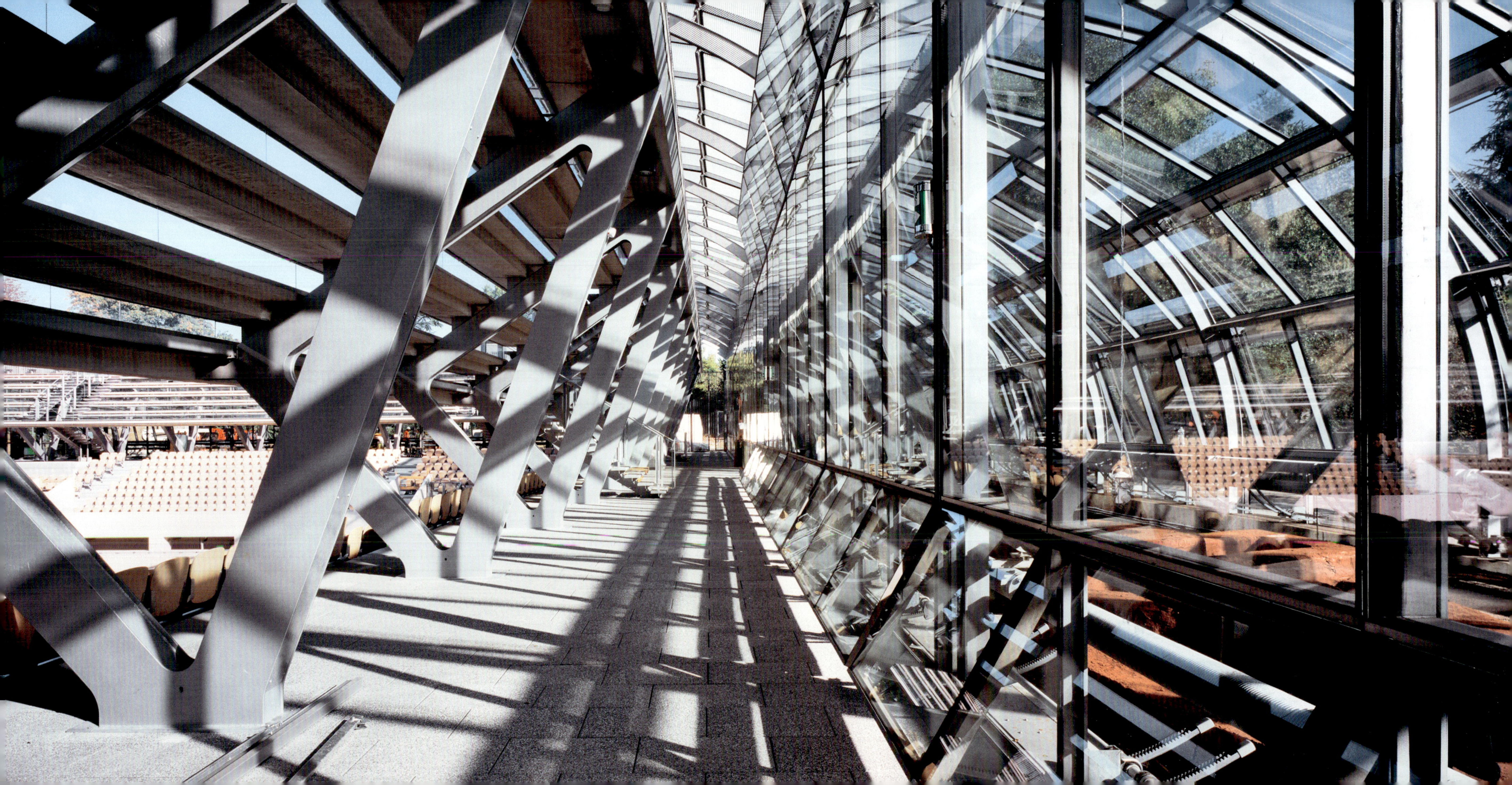

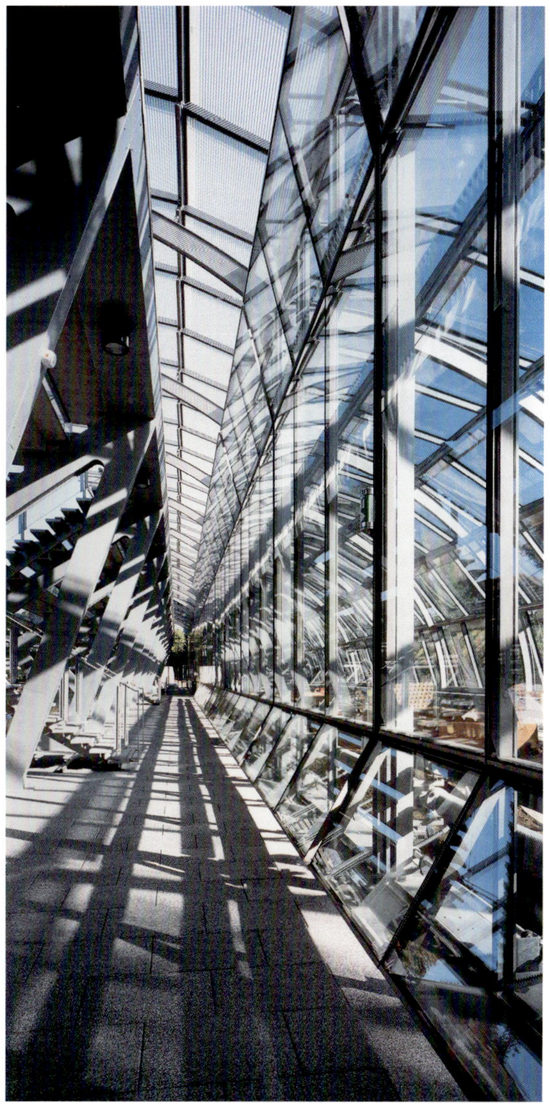

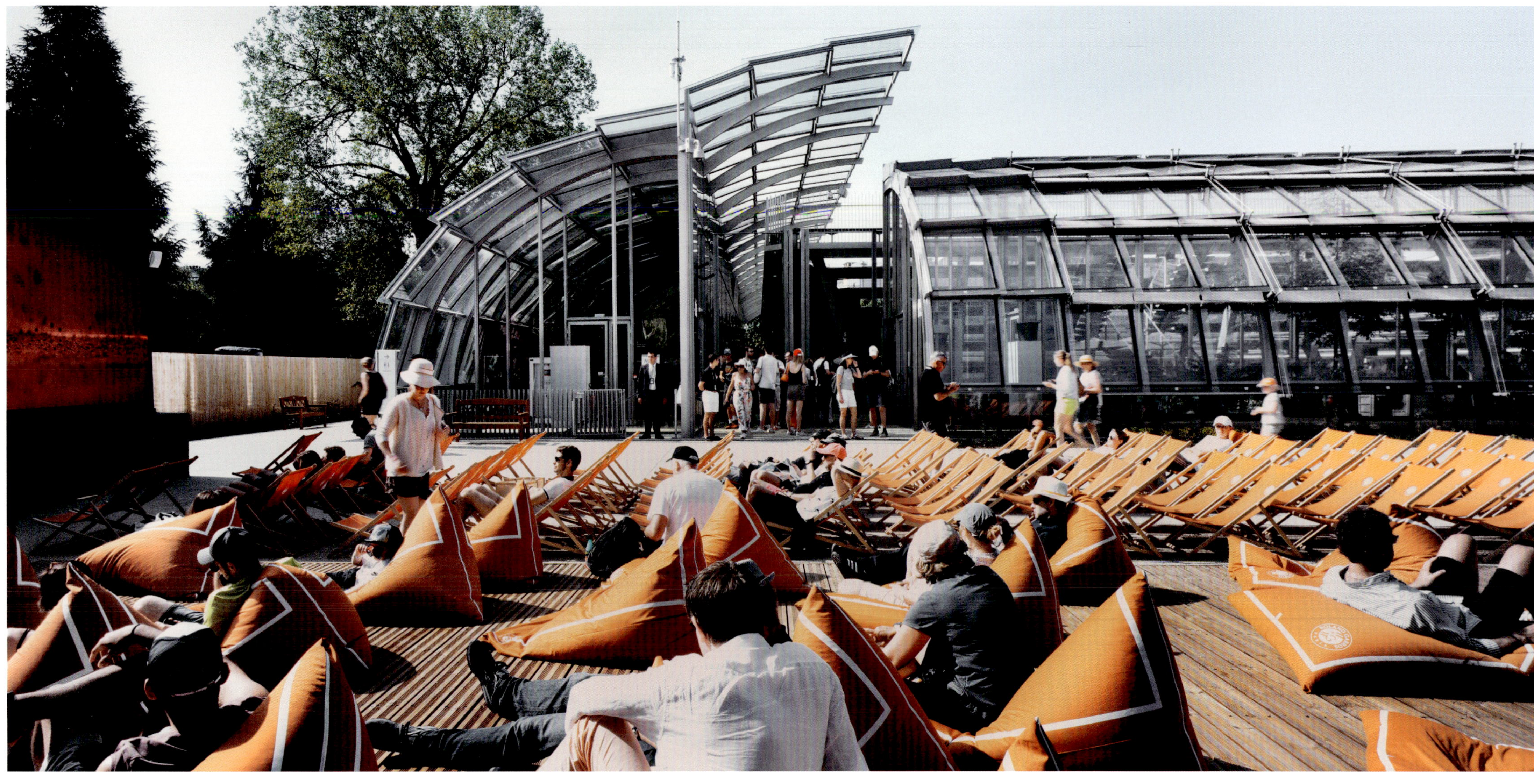

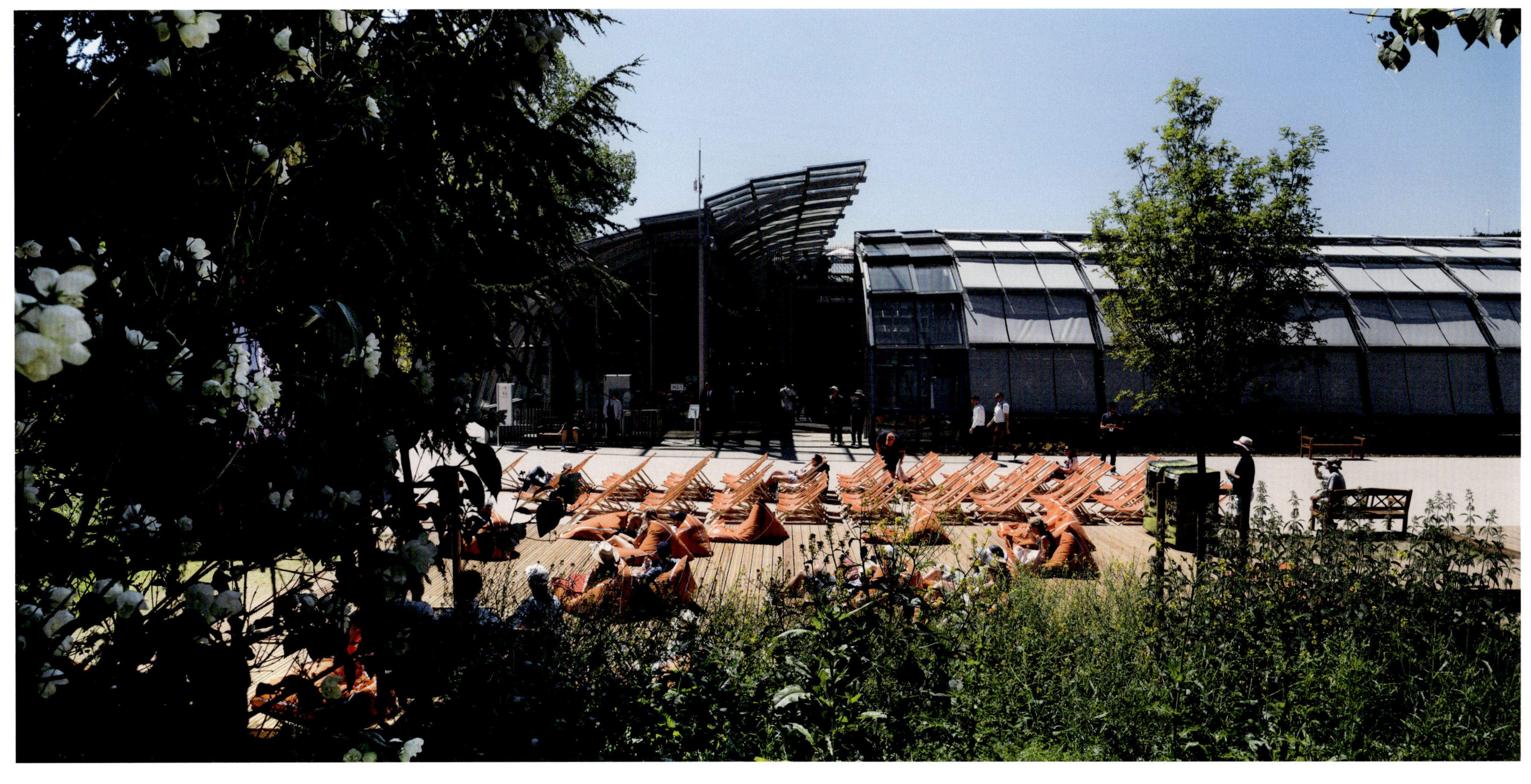

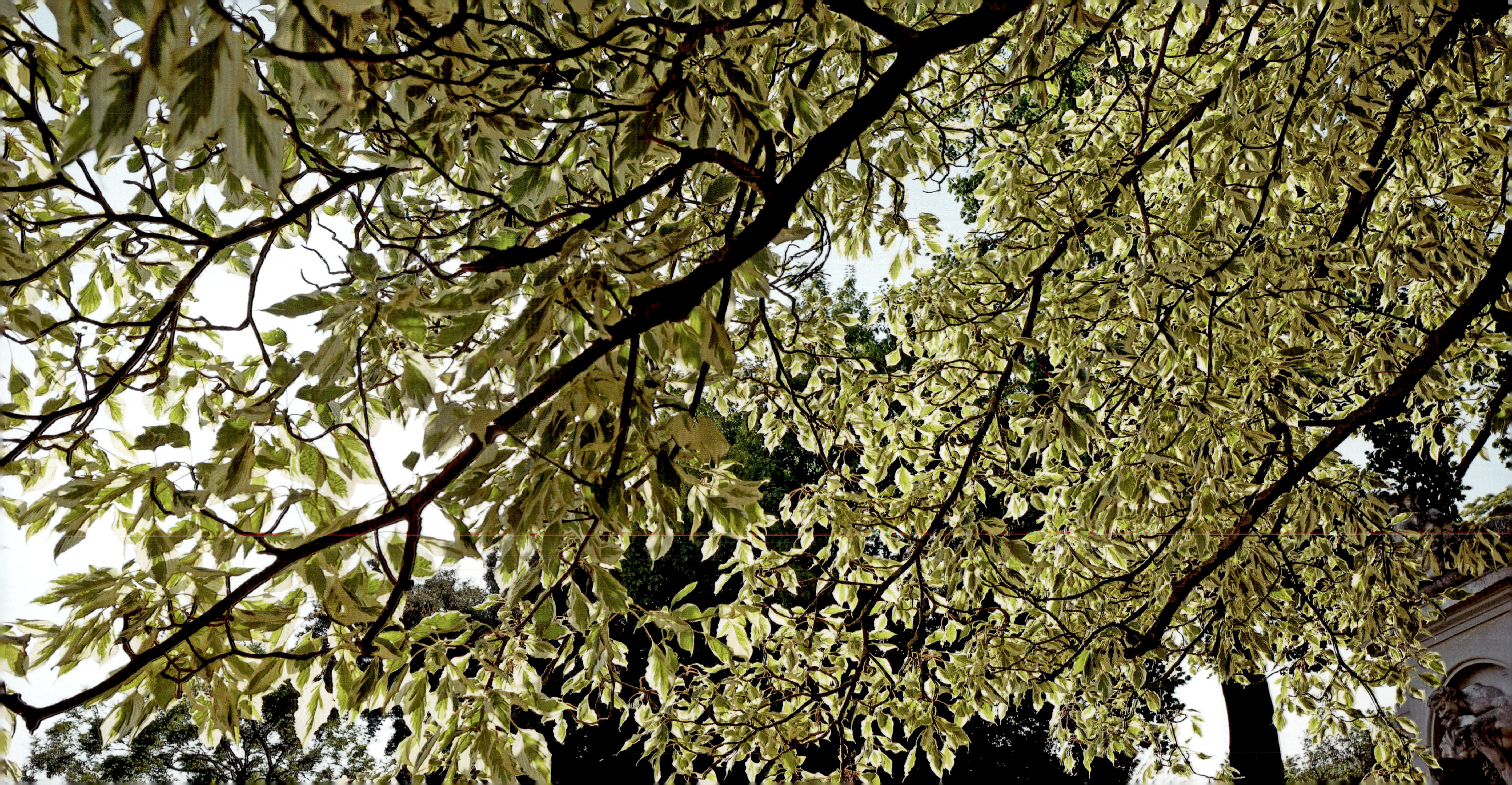

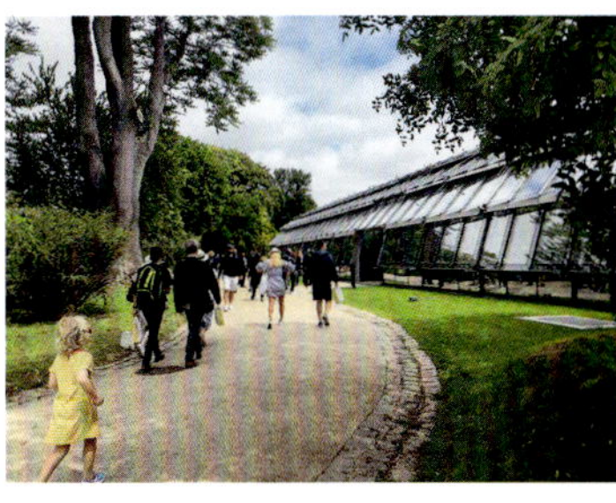
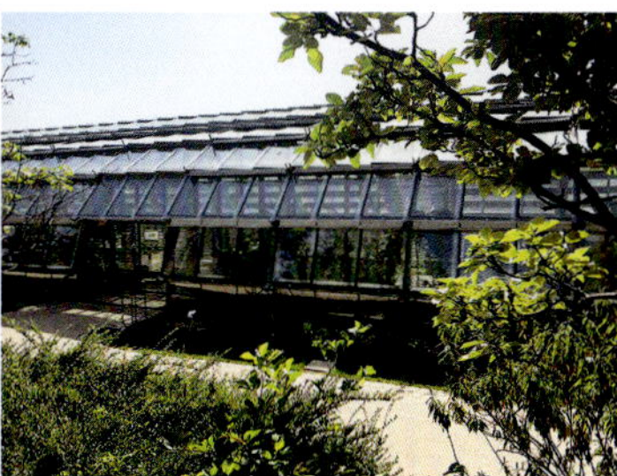
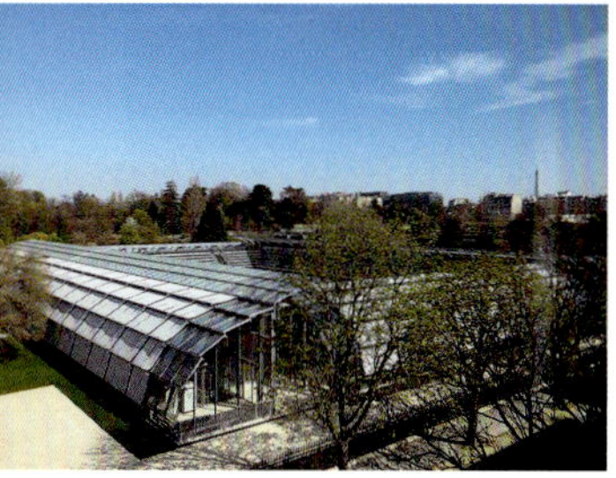

Simonne-Mathieu Court, surrounded by the new greenhouses

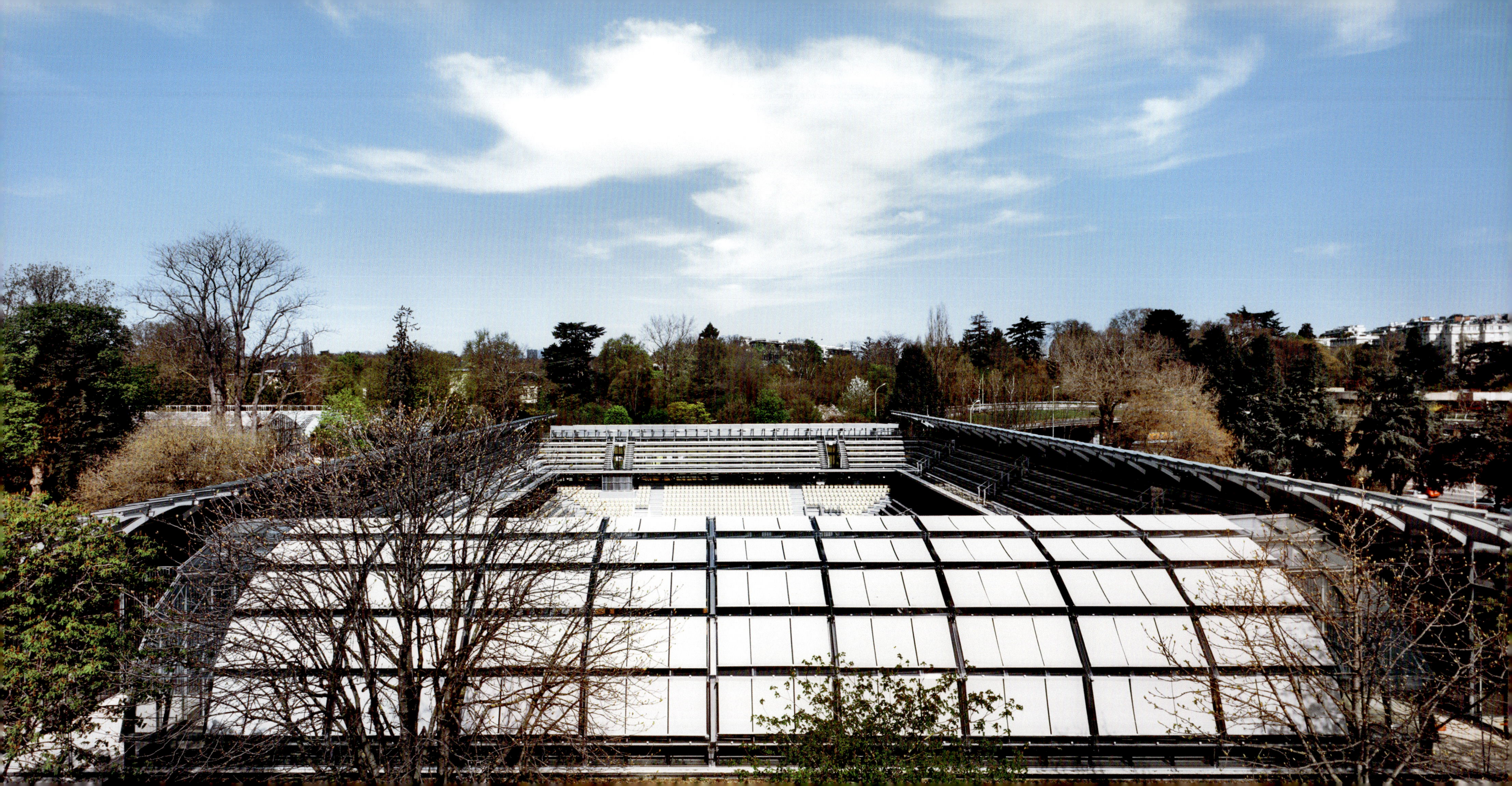

Biography Marc Mimram
Architect, Engineer

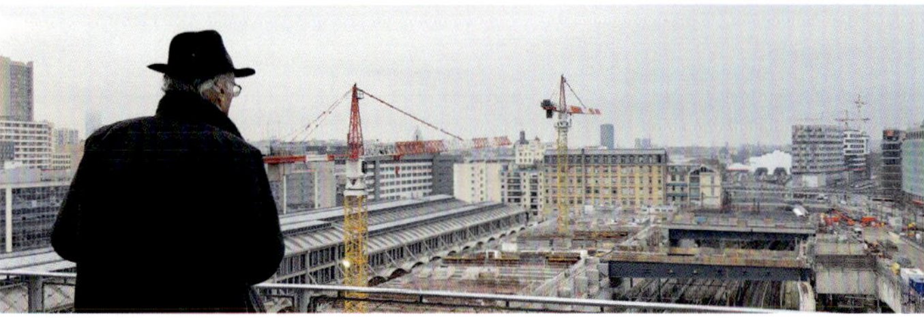

Marc Mimram (b. 1955, Paris) has a master's degree in mathematics from the Université Paris VII (1976), an engineering diploma from the École Nationale des Ponts et Chaussées (1978), a master's degree in civil engineering from the University of California, Berkeley (1979), an architecture diploma (DPLG) from the École Nationale Supérieure des Beaux Arts in Paris (1980), and a postgraduate degree in philosophy from the Université Paris I Panthéon-Sorbonne (1982). He founded his own consultancy and architecture and engineering firm in 1992.

He has been an architect-engineer since 1981, and has completed many civil engineering structures and architectural projects in France and abroad, including bridges in France (Solférino Footbridge, Paris), in Germany (Strasbourg–Kehl), in Morocco (Rabat–Salé), which won the Aga Khan Award, in China (Beijing, Tianjin, Yangzhou), large sport facilities (Roland-Garros Stadium, Paris), and infrastructure buildings (Airtime, Paris, and Montpellier Railway Station, France).

Mimram has taught at the École des Ponts et Chaussées in Paris, the École Polytechnique Fédérale in Lausanne, and Princeton University in the United States. He was appointed a Professor of Architectural Schools and currently teaches at the École d'Architecture de Marne-la-Vallée near Paris.

He has published several books, such as *Structure et Formes* (Paris, 1983); *Passerelle Solférino* (Basel, 2001); *Architettura Ibrida* (Milan, 2009); and *Marc Mimram: Architecture & Structure* (Munich, 2015). He has given numerous lectures all over the world, including lectures at Harvard University, Cornell University, Princeton, Tokyo University, as well as São Paulo, Venice, and Oslo.

In his work as an architect and an engineer, Marc Mimram has shown an interest in architecture that is intelligently built through the development of considered structures that relate to landscape, light, and materials. He feels that his work is about an attentive and generous transformation of the matter of which the world is made. In his hands architecture becomes an art of transformation, and materiality becomes the expression of culture.

Image: © Erieta Attali

Biography Erieta Attali
Landscape and Architecture Photographer

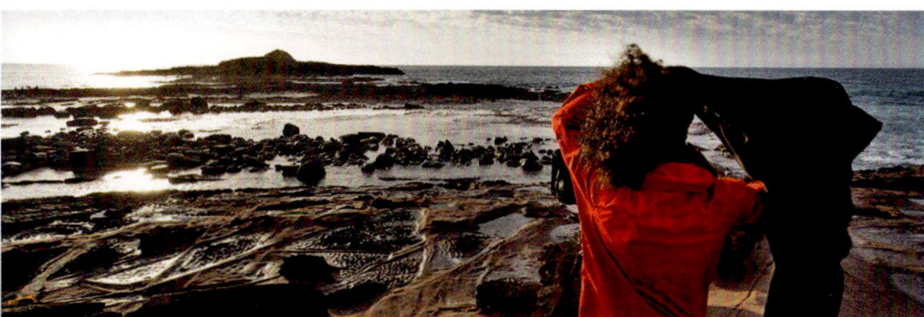

Erieta Attali was born in Tel Aviv and grew up in Istanbul and Athens. She currently resides between New York and Paris, photographing the work of contemporary architects from around the world. Attali began her photographic career in 1993 as a landscape and archaeology photographer with a specialty in underground burial sites. During the past twenty years she has been preoccupied primarily with architectural and landscape photography, with a body of work spanning from Europe to the Americas and from Asia to Australia, sponsored by national and academic institutions globally. Her work has been shown in several exhibitions and is the subject of many monographs. The National Gallery of Victoria (NGV) in Melbourne, Australia, has acquired her work for its permanent collection. After receiving her master's in photography from Goldsmiths, University of London, Attali continued her studies as visiting scholar at the Graduate School of Architecture, Planning and Preservation, Columbia University, in New York, with support of the Fulbright Foundation, and at Waseda University, Tokyo, with the support of the Japan Foundation. She holds a PhD from the School of Architecture and Design, RMIT University, Melbourne, Australia. Attali has taught architectural photography at GSAPP, Columbia University as an adjunct assistant professor between 2003 and 2018. She has been a visiting professor at the Technical University of Munich (TUM) Faculty of Architecture, The Catholic University of Chile, School of Architecture, the Royal Danish Academy of Arts in Copenhagen, Architectural Association in London, RMIT in Melbourne, University of Tokyo, Technion in Haifa, Israel, and the University of Sydney among others. Attali is currently a research fellow at the Académie d'architecture in Paris and an artist-in-residence at the Cité internationale des arts conducting a photographic survey on Paris and the Seine. She is the author and editor of numerous books such as *Glass | Wood: Erieta Attali on Kengo Kuma* and *Periphery | Archaeology of Light*, published by Hatje Cantz, Berlin, among others.

Image: © Rondo Wei

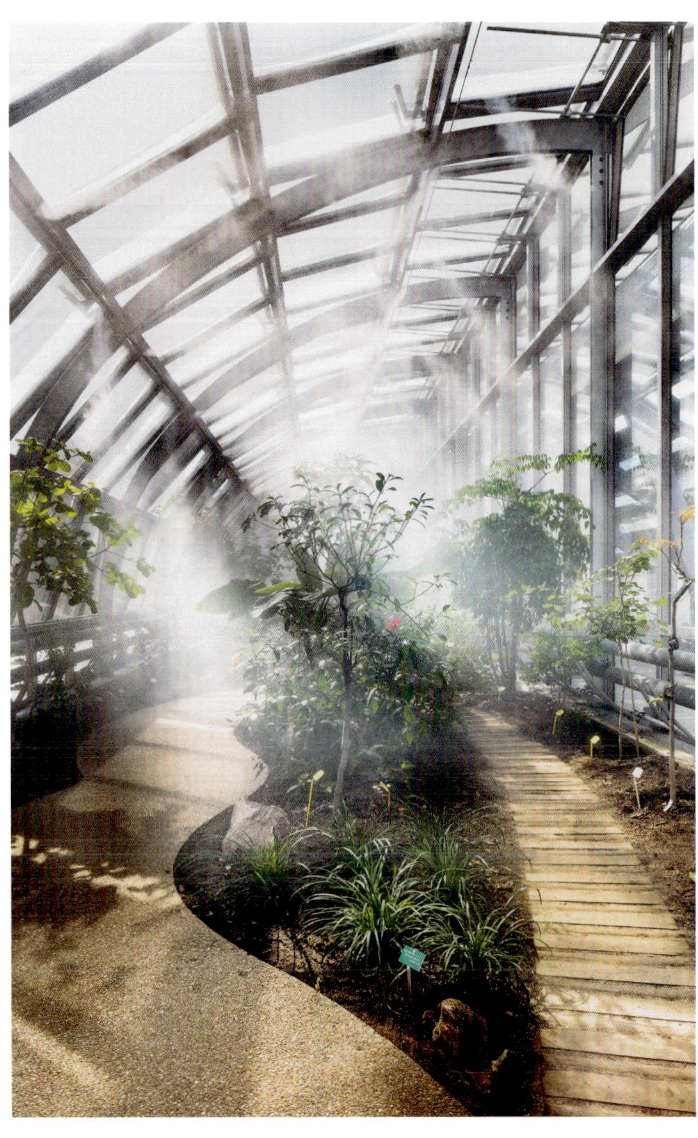

Biography Peter Cook

Professor Sir Peter Cook RA, founder of Archigram, former Director the Institute for Contemporary Art, London, and Bartlett School of Architecture at University College London, has been a pivotal figure within the global architectural world for over half a century.

Cook's achievements during and after Archigram have been the subject of numerous publications and public exhibitions. In 2002 he was awarded the Royal Gold Medal by the Royal Institute of British Architects (RIBA's highest award); in 2007 he was knighted by the Queen for his services to architecture; and in April 2010 he received an honorary doctorate by Lund University, Sweden. His professorships include those of the Royal Academy, University College London, and the Staatliche Hochschule für Bildende Künste – Staedelschule in Frankfurt am Main, Germany; in addition to being a Royal Academician and a Commandeur de l'Ordre des Arts et Lettres of the French Republic. Cook's continuing contribution as an academic makes him a familiar voice within cultural institutions around the world, where many have enjoyed an opportunity to hear him expound upon his love affair with the slithering, the swarming, and the spooky.

In addition to his theoretical work, since the construction of Kunsthaus Graz, Austria, Cook's built oeuvre has been brought to a wider public. This process is continuing via several more projects in Vienna, Osaka, Nagoya, Berlin, Frankfurt, and Madrid.

Roland-Garros : le nouveau court des serres | → p. 6

Marc Mimram

Lorsque Michel Corajoud propose le projet d'aménagement du site de Roland-Garros pour le tournoi international de tennis, il souhaite le rendre plus perméable, plus ouvert sur la ville.
Cela supposait d'ouvrir un large espace public et de construire un nouveau court de 5 000 places dans le jardin adjacent où se trouvaient des serres de production de mauvaise facture, construites très récemment. La marque particulière de ce jardin, ce ne sont pas ces serres horticoles, mais d'autres serres botaniques construites en 1898 par Jean Camille Formigé, constructions exemplaires auxquelles il n'a bien sûr jamais été envisagé de porter atteinte.
L'hypothèse de projeter un court de tennis dans la partie destinée à la maintenance du jardin aurait pu apparaître comme un sacrilège, tout particulièrement pour l'un des fondateurs de l'école française du paysage.
En réalité, il s'agissait de montrer que la perméabilité et le dialogue sont fondateurs de la ville contemporaine postérieure à la charte d'Athènes fonctionnaliste et que ce terrain, bien que partiellement végétalisé, n'était pas un terrain idéologique.
Cela permettait de maintenir le tournoi de Roland-Garros à Paris, contre les pourfendeurs qui le voyaient avec plaisir rejoindre les terres de Disney à l'est ou celles de Versailles à l'ouest.
Cela aura aussi rendue possible la construction de 1500 m² de serres nouvelles, avec le plus haut niveau de technicité connu, ce qui n'aurait jamais été envisageable sans cette opportunité sportive et sans le financement de la Fédération française de tennis.
Mais surtout, cela montre que lorsque l'on accepte de ne pas considérer l'intouchabilité, l'intransformabilité d'un espace vert, fut-il en lisière du bois, le dialogue urbain est pour tous positif et permet une mutation harmonieuse de la ville. La ville durable est une ville mutable.

L'installation du nouveau court se fait dans l'ordonnancement géométrique du jardin. La composition initiale est respectée et dispose le court dans une direction nord-sud parallèle aux serres historiques, tandis que les courts plus anciens s'étaient installés dans la géométrie du parcellaire urbain, voire agricole. Cette distinction, pour être discrète, est pourtant sensible.
Les serres de Formigé forment ici une référence non seulement par la qualité de l'ordonnancement géométrique et formel, mais aussi par la raison constructive.

C'est dans ce dialogue avec les serres historiques à l'architecture de fonte et de verre très caractéristique du XIXᵉ siècle que naît le projet du nouveau court de tennis. Celui-ci sera semi-enterré dans un socle de gradins en béton, surmonté d'une structure en acier et enceint de serres botaniques de très hautes performances techniques.

Les nouvelles serres réalisent un écrin de verre accueillant des plantes de quatre continents. Il s'agissait de revenir à ce sujet de référence de l'architecture métallique que propose le gabarit des serres voisines, mais sans mimétisme, en dialogue avec ce qui, depuis le Crystal Palace de 1851 à Londres, constitue une référence absolue de légèreté, de frugalité, de relation délicate entre lumière et structure.
Les nouvelles serres nécessitaient cependant du double vitrage et des performances d'isolation très supérieures aux constructions précédentes. Aussi, pour ne pas aboutir à une bulle de verre collé, le projet reprend une décomposition en écailles de verre à bords décalés dans deux directions. Cela permet de façonner une peau qui varie sous les lumières dans un effet de diffraction, de vibrations soutenues par des reflets sur les plans biais décomposés.
La structure en acier des serres ordonne le mouvement et accompagne la charpente des gradins, en équilibre, qui libère une galerie périmétrale. Pour la partie émergeant au-dessus du sol, la structure du court est réalisée à partir de gradins posés sur une charpente de triangles juxtaposés façonnant de longues galeries. Le volume virtuel est ainsi créé par la mise en perspective de cette structure qui, compte tenu de son

ancrage unique, paraît instable. C'est bien l'ensemble de la couronne de gradins qui confère au dispositif une forme d'équilibre stabilisé, dans une composition où chaque membrure varie selon les efforts auxquels elle est soumise, et qui, sans montrer ses muscles de manière hypertrophiée, témoigne pourtant d'une raison statique. Dans un univers sportif, la référence à l'expression des forces est adaptée. Ici, les forces accompagnent une économie de moyens traduite en élégance. Le dispositif des supports, dans le volume qu'il compose, s'installe de manière perpendiculaire aux parois de verre qui bordent les serres.
Les marches des gradins sont accompagnées de contre-marches en verre, laissant ainsi filtrer les rayons de lumière à travers la grande protection solaire de lames juxtaposées qu'elles constituent.
La lumière se projette, se diffracte, se réfléchit dans ce jeu de plans de verre et d'acier pour former une galerie variant au gré des mouvements solaires, une construction raisonnée dont le verre matérialise les lectures animées par les lumières.

Entre ombres et transparences filtrées, la structure se décompose, se hiérarchise et se distingue de l'architecture du XIXe siècle en intégrant les techniques contemporaines de fabrication par oxycoupage et soudure.

Le travail de l'architecture se fait autour des raisons qui portent le projet. Entre lumière et logique constructive, entre matérialité et expression statique, le projet exprime sa cohérence dans un dispositif unique qui met sport et nature en dialogue, qui l'installe en immersion dans le milieu végétal du jardin et des serres.
Cette cohérence est l'objet même de la proposition architecturale, elle transforme l'expérimentation unique que représente le projet construit en une nouvelle forme typologique qui fait référence et pourrait même trouver des prolongements sur d'autres équipements sportifs.
Mais la réussite du projet se joue surtout sur la balle de match, au moment précis où le bruit de la balle sur la raquette rencontre la clameur du public.

À cet instant, la musique, les cris, les applaudissements, les enjambées sur la terre battue expriment une atmosphère : une atmosphère unique, une ambiance partagée entre joueurs et spectateurs, un moment essentiel.
Cette quête est architecture, elle fait sens et déploie les sens.
Le projet se découvre à cet instant. Le plaisir des spectateurs et celui des joueurs font écho à cette musicalité qui fait exception : l'atmosphère est là.
Cet instant, nous l'avons vécu lors du premier tournoi comme une indissociable poésie du lieu, au rythme des échanges entre joueurs, entre joueurs et spectateurs, entre le bâtiment et son environnement.
L'architecture réside dans ce plaisir partagé qui offre un sentiment délicat et généreux.

Comme le souhaitait Michel Corajoud, le dialogue entre jardin et sport, entre botanique et tennis, entre performances techniques et physiques, s'installe dans un espace partagé.
La présence de cette référence historique n'interdit aucunement une architecture contemporaine assumée, bien au contraire. Les pratiques se croisent dans le temps et le tournoi participe au développement du jardin botanique. Le nouveau court Simonne-Mathieu montre s'il en était besoin la perméabilité nécessaire des plaisirs urbains dans une mixité d'usages toujours plus grande.

Le court Simonne-Mathieu à Roland-Garros, Paris
Architecte : Marc Mimram | → p. 12
Peter Cook

J'ai bien peur qu'en ces temps de discours architectural d'une complexité extrême, la notion de simplicité ne suscite que très peu d'engouement ou de respect. Il se peut donc que je doive déployer beaucoup d'efforts pour démontrer sa pertinence dans les propos qui suivent.

Et pourtant, la simplicité est ce qui me vient immédiatement à l'esprit quand je vois le court de tennis et la serre de Marc Mimram – et c'est là une marque de mon respect le plus total. Et même de mon enthousiasme. Même si j'apprécie parfois la confusion et l'ambiguïté et que je peux m'y abandonner dans mon propre travail, je suis conscient qu'il s'agit là de stratégies comparables à celles qu'utiliserait un fin politicien pour éviter de donner une réponse honnête à une question dérangeante et pour noyer le poisson. En d'autres termes, la simplicité exige beaucoup de talent.

À une époque où la génération des architectes de l'après-guerre ressent un certain désarroi et souffre d'un complexe d'infériorité – ils n'ont été ni les héros des luttes architecturales de la grande époque du modernisme ni de celles, plus macabres, des champs de bataille –, une myriade de rituels architecturaux s'affrontent dans l'inefficacité la plus totale : après le postmodernisme, la déconstruction, le néo-rationalisme, nous avons désormais le choix entre, d'un côté, un jeu de construction urbain d'un calme prétendument raffiné (mais en réalité ennuyeux) lourdement rivé au terrain et, de l'autre, des serpents numériques vaniteux qui se tortillent dans un espace détaché de son contexte. Or, les bâtiments qui remplissent une fonction définie et occupent un territoire interstitiel entre l'urbanité dense et les banlieues devraient pouvoir remettre au goût du jour cette notion selon laquelle un bâtiment endosse son rôle, puis pioche autour de lui des éléments qui vont lui permettre d'exprimer les plaisirs de la vie et de ses imprévus.

Il semblerait que ce soit exactement ce que Marc Mimram ait recherché ici. La juxtaposition d'un court de tennis et d'un jardin botanique était trop belle pour être vraie. Or, au lieu de les disposer de façon à ce qu'ils ne fassent que se saluer de loin, Marc Mimram est parti du principe que la fonction de l'un pouvait être endossée par l'autre.

Bingo !

Nous y voilà !

Mais bien sûr – comme pour toute bonne proposition architecturale –, tout dépend de la façon dont on s'y prend.

Nous pouvons nous laisser aller à quelques spéculations au long cours, déclenchées tout simplement par ce que nous voyons, mais aussi (puisque nous sommes d'un naturel pointilleux) par le désir de rationaliser après coup. Mimram n'a-t-il pas après tout un passé et un palmarès à son actif? Moi qui ai débarqué dès l'âge de 16 ans dans une école d'architecture, j'observe, la langue pendante, la trajectoire d'un homme qui a été diplômé en mathématiques, puis en ingénierie, puis de nouveau en ingénierie, puis en architecture, puis en philosophie. Bien sûr, c'était en France (et aussi pas mal en Amérique) et je dois bien reconnaître que la philosophie semble y être *exigée* pour justifier tout parcours non-linéaire. Mais comment le jeune Mimram a-t-il émergé de tout cela sans que ne règne le désordre dans sa tête? Tout cet apprentissage et tout ce savoir n'ont-ils pas d'une certaine façon été reconditionnés et brillamment reconvertis pour aboutir chez lui à cette capacité de prendre des décisions claires, cohérentes et – oh, le vilain mot – stylées? Ou bien Marc est-il simplement un véritable dur à cuire qui ne prend rien pour argent comptant et ne dévie jamais de sa route? Je subodore que c'est un peu des deux.

Si l'on se livre à une simple observation de l'organisation du bâtiment, on s'aperçoit qu'une fois esquissé le plan du court et de la tribune, Mimram a aussitôt tiré profit de l'unité formelle et matérielle constituée par la structure de la canopée et de la serre – de l'acier et du verre *uniquement*. Ce n'est qu'après qu'il a commencé à peaufiner son projet et adroitement positionné les différents éléments afin que l'on aperçoive les joueurs à travers la végétation et, inversement, la végétation derrière la foule.

Mais la finesse est au rendez-vous. Citons Mimram lui-même: « Les nouvelles serres nécessitaient [...] du double vitrage et des performances d'isolation très supérieures aux constructions précédentes. Aussi, pour ne pas aboutir à une bulle de verre collé, le projet reprend une décomposition en écailles de verre à bords décalés dans deux directions. Cela permet de façonner une peau qui varie sous les lumières dans un effet de diffraction, de vibrations soutenues par des reflets sur les plans biais décomposés. La structure en acier des serres ordonne le mouvement et accompagne la charpente des gradins, en équilibre, qui libère une galerie périmétrale. »

La personnalité du créateur transparaît parfaitement derrière ces mots: le simple impératif d'isoler est immédiatement modifié par la volonté de créer de la délectation. Retour ensuite à l'effet d'ensemble et à un simple élément *organisationnel*.

Bien évidemment, il est quasi impossible pour un architecte de parvenir à une analyse poussée d'un projet sans « réflexes conditionnés »: jusqu'ici, tout à propos du court Simonne-Mathieu semble absolument adapté – la proximité du jardin botanique provoquant le principal *geste*, la manipulation de la lumière par le verre via une *interprétation* infiniment créative. Or, les racines de cette approche sont visibles dans deux bâtiments clés de ces dernières années. À l'école d'architecture de Strasbourg (2013), Mimram a disposé des blocs de deux étages les uns au-dessus des autres en léger décalage. Ainsi articulée, la structure symbolise le décalage en soi – pas de pagaille, pas d'éparpillement, mais la joie faite structure et, manifestement, un bâtiment d'une grande légèreté. Puis, la gare TGV près de Montpellier (2014–2017): le ciment presque diaphane crée une sensation de légèreté dans l'espace intérieur et le bâtiment – de façon inattendue pour une gare ferroviaire – accueille la végétation directement en son sein. Vue du ciel, la gare semble faire partie des jardins maraîchers plutôt que de la ville, et ceux-ci pénètrent dans la gare de façon – oserions-nous le dire – simple... Enfin, les grandes gares n'ont plus à être des monuments urbains.

Même si la gare et le court de tennis accueillent tous deux la végétation, le geste ne semble en aucun cas contraint. Les deux bâtiments défient plutôt les autres architectes en posant un regard paisible sur le contexte, le programme et les opportunités, en considérant la redécouverte du charme du jardin – au sens large du terme – comme le corollaire de l'architecture et l'ingénierie. La légèreté semble par ailleurs caractériser l'atmosphère des trois œuvres.

À ce stade, on aurait toutes les raisons de s'interroger sur les questions épineuses souvent soulevées par les critiques démagogues: que propose ce bâtiment au sujet de la misère humaine, de la survie de la planète, de l'équité, de l'utilisation des ressources, etc.? Bien sûr, nous sommes dans un quartier plutôt chic de Paris, le tennis est un sport typiquement bourgeois et la visite d'un jardin botanique une activité quelque peu vaine (et même complaisante) réservée à ceux qui ont du temps à tuer. Mais cela n'a-t-il pas toujours été l'apanage de la bourgeoisie de jouir justement de ce temps et de ce privilège de la concentration qui a fini par bénéficier au commun des mortels, profitant ainsi de lubies, de spéculations et donc, en réalité, de la *recherche*? En Europe du Nord, la soif de plantations plus belles et de meilleure qualité nous a offert un merveilleux lexique horticole, avec des jardins d'hiver, des orangeries, des jardins miniatures. Le bâtiment de Mimram et sa gare sont des propositions de plus qui peuvent certainement bénéficier à tous. Le tennis, activité qui favorise l'individualisme, la compétitivité et un mental d'acier, relève de la virtuosité et ne se prête pas au tribalisme de masse ordinairement associé aux sports d'équipe. Mais saupoudrez cela d'un soupçon d'indolence et la vie urbaine – aux deux sens du terme – s'en trouve améliorée. Les jours de matchs, le fait d'être conscient de l'indolence des plantes, ou de leur charme, doit certainement servir d'antidote bienvenu (et peut-être mystérieux) à la tension de la compétition. Et les très nombreux jours sans matchs, il se peut que le fait d'apercevoir le court puisse procurer le même frisson que celui que l'on ressent quand la porte qui donne sur les coulisses d'un théâtre est restée ouverte, révélant ainsi une partie du décor. Notre imagination commence alors à galoper...

Et maintenant, je veux m'accorder le plaisir d'aborder un des aspects de l'architecture que je préfère : un aspect qui n'est peut-être pas très populaire en France où beaucoup d'architectes (mais certainement pas Marc Mimram !) confient sans complexes la gestion des détails aux bureaux d'études. Je veux parler ici de questions des matériaux. Les matériaux que l'on trouve, que l'on voit, que l'on manipule, avec lesquels on entre en contact sous nos pieds, sous nos fesses, les matériaux qui résistent à nos pieds ou se trouvent juste au-dessus de notre tête. Le plan de coupe de son bâtiment ainsi qu'un zoom sur ses différentes parties révèlent l'amour de Marc pour les détails et pour les matériaux dans toutes leurs spécificités : bien que les deux courbes légères du toit de verre et d'acier forment un continuum, la distinction entre le monde de la serre et celui des tribunes est nette. Observons donc l'acier des tribunes : il est magnifiquement façonné, lisse, avec des intersections courbes ; il crée une atmosphère particulière lors du parcours ambulatoire, sans parler de la brillance que Mimram a déjà évoquée. Les assises des sièges ajoutent de la finesse. Le jardin d'hiver, lui, n'a pas besoin de ce même niveau de détails et échappe donc à la « méticulosité » en faveur de sections d'acier de dimensions assez imposantes. Vous avez la nette impression que cette serre va résister aux aléas climatiques des siècles plutôt que des saisons. Elle est simple et spacieuse. Comparez-la aux récents bâtiments high-tech du Royaume-Uni avec leurs sections, câbles et joints d'une finesse audacieuse qui nous ont impressionnés et nous impressionnent encore. Notre bâtiment peut quant à lui se mesurer à des modèles tels que le Grand Palais avec ses éléments de métal impressionnants et apparemment indestructibles. Une serre est à bien des égards un bâtiment industriel au contenu séduisant.

Un tel bâtiment semble absolument légitime, absolument direct. En même temps, il est doté d'une telle maîtrise et d'un tel savoir qu'il nous incite à comprendre qu'il n'est pas ordinaire, et ce, sans avoir recours à la tricherie, à la rhétorique, au symbolisme, à l'intellectualisme, au plagiat ou à la posture. Son plan est d'une simplicité évidente. Il assume sa normalité en tant qu'objet en enterrant partiellement le court dans le terrain ; il se présente donc au monde en tant qu'ajout raisonnable et rationnel aux structures du jardin.

Mais il brille néanmoins par son concept et par son charme.

Place maintenant aux souvenirs, aux moments fugaces, à la concentration sur ce qui se passe sur le court, à l'affaissement des feuilles, à l'éclat du verre, à la sévérité de l'acier, à sa nonchalance trompeuse. Ou à tous ces éléments à la fois.

Marc Mimram nous a tendu un piège brillant en imaginant avec subtilité un bâtiment si trompeusement direct qu'il crée de la magie sans avoir recours à un lassant bavardage architectural.

Quoi de plus vivifiant ?

Biographie de Marc Mimram
Architecte ingénieur | → p. 68

Né à Paris en 1955, Marc Mimram est titulaire d'une maîtrise en mathématiques de l'université Paris VII (1976), d'un diplôme d'ingénieur de l'École nationale des ponts et chaussées (1978), d'une maîtrise en génie civil de l'université de Californie à Berkeley (1979) et d'un diplôme d'architecture (DPLG) de l'École nationale supérieure des beaux-arts de Paris (1980).
Depuis 1992, il développe au sein d'une même structure une double activité d'architecte et d'ingénieur.
À partir de 1981, date à laquelle il débute comme architecte ingénieur, il réalise de nombreux ouvrages d'art et projets architecturaux en France et à l'étranger : des ponts en France (comme la passerelle Solférino à Paris), en Allemagne (avec la liaison Strasbourg-Kehl), en Chine (à Pékin, Tianjin et Yangzhou) ou encore au Maroc (entre Rabat et Salé), ce dernier projet ayant remporté le Prix Aga Khan, ainsi que des bâtiments tels que de grandes installations sportives (stade Roland-Garros, piscines, etc.) et des infrastructures (comme le bâtiment Airtime à Paris ou la gare de Montpellier).
Marc Mimram a enseigné à l'École des ponts et chaussées à Paris, à l'École polytechnique fédérale de Lausanne et à l'université de Princeton aux États-Unis. Il a été nommé professeur des écoles nationales supérieures d'architecture et enseigne actuellement à l'école d'architecture de Marne-la-Vallée, près de Paris.
Il a publié différents ouvrages de réflexion sur sa discipline et son travail. Citons par exemple *Structure et formes* (Paris, Dunod, 1983), *Marc Mimram, Passerelle Solférino* (Bâle, 2001), *Architettura Ibrida* (Milan, Electa Architettura, 2009), *Marc Mimram, Architecture et structure* (Munich, Prestel, 2015).
Dans le cadre de conférences, il intervient en outre dans le monde entier (Harvard, Cornell, Princeton, Tokyo, São Paulo, Venise, Oslo, etc.).
Dans son travail d'architecte et d'ingénieur, Marc Mimram démontre un intérêt pour une architecture intelligemment construite à travers le développement de structures réfléchies qui se rapportent au paysage, à la lumière et aux matériaux. Il conçoit son travail comme une transformation attentive et généreuse de la matière dont le monde est fait. Entre ses mains, l'architecture devient un art de la transformation, et la matérialité une expression sensible de la culture.

Biographie d'Erieta Attali
Photographe de paysage et d'architecture | → p. 69

Née à Tel Aviv, Erieta Attali a grandi à Istanbul, puis Athènes. Elle vit actuellement entre New York et Paris et photographie le travail d'architectes contemporains à travers le monde. Elle a commencé sa carrière en 1993 en tant que photographe de paysage et d'archéologie, s'intéressant plus particulièrement aux sites funéraires souterrains. Depuis vingt ans, elle se consacre avant tout à la photographie de paysage et d'architecture aussi bien en Europe que sur le continent américain, en Asie ou en Australie. Ses travaux commandités par des institutions publiques ou universitaires ont fait l'objet de plusieurs expositions et monographies. Son œuvre fait partie de la collection permanente de la National Gallery of Victoria (NGV) de Melbourne. Diplômée en photographie du Goldsmiths College de l'université de Londres, Erieta Attali a ensuite poursuivi ses études à la School of Architecture, Planning & Preservation (GSAPP) de l'université de Columbia à New York grâce au soutien de la Fulbright Foundation, ainsi qu'à l'université Waseda de Tokyo avec le concours de la Japan Foundation. Elle est également titulaire d'un doctorat de la School of Architecture & Design de la RMIT University de Melbourne. Entre 2003 et 2018, Erieta Attali a enseigné la photographie d'architecture à la GSAPP de Columbia. Elle a été professeur invitée à la faculté d'architecture de l'université technique de Munich (TUM), à l'école d'architecture de l'université catholique du Chili, à l'Académie royale des beaux-arts du Danemark à Copenhague, à l'Architectural Association à Londres, à la RMIT à Melbourne, à l'université de Tokyo, à Technion à Haïfa en Israël ou encore à l'université de Sydney. Erieta Attali effectue actuellement un travail de recherche au sein de l'Académie d'architecture à Paris. Elle est également artiste en résidence à la Cité internationale des arts où elle mène un projet photographique sur Paris et la Seine. Elle a écrit et édité de nombreux ouvrages parmi lesquels on compte *Glass | Wood*, *Erieta Attali on Kengo Kuma* et *Periphery | Archaeology of Light*, publiés par les éditions Hatje Cantz.

Biographie de Peter Cook | → p. 71

Sir Peter Cook, fondateur d'Archigram et ancien directeur de l'Institute for Contemporary Art et de la Bartlett School of Architecture de l'University College de Londres, est une figure emblématique de la scène architecturale mondiale depuis plus d'un demi-siècle.

Ses réalisations au sein d'Archigram et ses travaux ultérieurs ont fait l'objet de nombreuses publications et expositions. Il a reçu en 2002 la Royal Gold Medal, la plus haute récompense du Royal Institute of British Architects, pour son travail au sein d'Archigram. En 2007, il a été fait Knight Bachelor par la Reine d'Angleterre pour services rendus à l'architecture et, en 2010, docteur *honoris causa* de l'université de Lund, en Suède. Il a enseigné à la Royal Academy et à l'University College de Londres, ainsi qu'à la Hochschule für Bildende Künste (Staedelschule), à Francfort. Membre de la Royal Academy et commandeur de l'ordre des Arts et des Lettres de la République française, Peter Cook est un intervenant très apprécié dans les institutions culturelles du monde entier où il aime communiquer son amour de tout ce qui ondule, fourmille et trouble.

En dehors de ses travaux théoriques, son œuvre bâtie est connue d'un large public, en particulier depuis la construction de son musée d'art à Graz, en Autriche (le Kunsthaus). Il travaille actuellement sur des projets à Vienne, Osaka, Nagoya, Berlin, Francfort et Madrid.

Remerciements de Marc Mimram | → p. 78

Ce projet n'aurait pu voir le jour sans l'opiniâtreté, la détermination sans faille de Michel Corajoud. Totalement engagé dans la cause du paysage, celle du projet, celle de son enseignement, il développait son approche théorique sur le substrat des situations de projet, qu'elles soient géographiques ou politiques. Son rapport à l'architecture a façonné ma manière de considérer le lien du projet avec le paysage, y puisant son hypothèse. Il m'a tant appris. Il était mon ami.

Ce livre est le fruit d'une rencontre entre le regard sensible et exigeant d'Erieta Attali et nos convictions construites ; je la remercie pour cette attention, cette détermination sans limite.

L'architecture se représente le plus souvent dans ses atours resplendissants, sous des cieux tropicaux parés du maquillage informatisé.
Difficile de créer une émotion, de refléter une atmosphère, d'exprimer une matérialité tant les codes de la représentation photoshopée abandonnent le réel pour plonger dans une virtualité virtuose mais délétère, mortifère, alors que notre engagement porte générosité et sensibilité au monde.

La rencontre avec la photographe Erieta Attali a permis de sortir de cette course à la « fake representation » qui, comme la « fake news », ne serait pas un mensonge mais une interprétation du réel.
Erieta Attali a depuis trois ans mis ses pas dans ceux de nos chantiers, glissant son regard dans l'objectif de son appareil. L'objectif est subjectif, le travail d'interprétation est toujours présent, et pourtant la photographe construit ici une mixité qui n'est pas stylistique, mais s'inscrit dans une figuration de l'architecture sensible et émotionnelle. Les reflets matérialisés des lumières, les textures et le grain de la peau ou la massivité prolongent un travail disciplinaire tant sur l'architecture que sur la facture de celle-ci.

J'apprécie sans réserve sa disponibilité et ses qualités d'abnégation. Cette quête est rare, je souhaitais ici la souligner.

L'architecture n'est pas un projet solitaire, il est partagé tant dans le processus de conception que de construction.
Le maître d'ouvrage m'a fait confiance pour développer un projet dont les enjeux étaient lourds de conséquences en milieu fragile et singulièrement

exposé. Je remercie particulièrement Bernard Giudicelli, Jean Gachassin, Gilbert Ysern, Gilles Jourdan, Jean-Marc Blanchecotte, Michel Brodovitch et Paul Chemetov.

Ce projet a fait l'objet de développements attentifs, aussi bien par les architectes que par les ingénieurs qui y ont collaboré. Les équipes de projets ont été nombreuses tant au sein de Marc Mimram Architecture & Associés que Marc Mimram Ingénierie. Je les remercie pour leur engagement, et particulièrement Guillaume André, Martin Fougeras Lavergnolle, Razvan Ionica, Liu Chengyin et Anne-Marie De Matos.

Le projet est la mémoire du travail de tous ceux qui ont donné courage et intelligence, souvent dans l'anonymat. Qu'ils soient ici remerciés, car leur participation au projet est une matière à penser l'architecture. Les bâtiments, les ouvrages d'art réalisés forment la mémoire construite de notre travail partagé. Ouvriers ou ingénieurs, ils entreprennent au sens noble du mot, et le projet met ses espoirs en leur savoir.

KOMA AMOK, nos graphistes, ont montré une finesse dans l'interprétation graphique des photographies en résonance avec l'architecture des projets. Aris Kafantaris a été un indispensable ordonnateur.

Je dois une reconnaissance particulière à Peter Cook, architecte, penseur et théoricien de l'architecture pour son texte remarquable, délicat et amical – *so British*.

Remerciements d'Erieta Attali | → p. 79

Le 14 juillet 2016, j'ai eu la chance d'être invitée par Farrokh Derakshani, directeur du prix Aga Khan d'architecture, à « Beyond The Bridge », une conférence au Victoria & Albert Museum de Londres. Parmi les intervenants, j'ai remarqué le nom d'un homme, Marc Mimram. Je ne le connaissais pas mais sa courte biographie m'a donné envie de l'écouter parler de ses ponts. Avant la fin même de son intervention, j'ai su quel serait mon prochain projet : explorer ses infrastructures à travers la France et au-delà, ses ponts, ses gares et ses piscines.
Avant la conférence de Marc, j'avais déjà photographié des monuments, historiques ou contemporains, à travers le monde. Je venais juste de finir mes études doctorales en Australie et j'allais publier quelques monographies. Le timing était donc parfait : je pourrais mettre ma vision et mes désirs au service de cette nouvelle entreprise – un périple de trois ans à travers les réalisations et les créations sculpturales de Marc Mimram.

Je remercie Marc pour sa confiance. Il ne me l'a pas donnée d'emblée ; j'ai dû la gagner étape par étape et nous avons fini par atteindre une sorte d'apogée : l'achèvement d'une série d'études décodant le paysage par le biais de constructions infrastructurelles se déployant à travers les paysages, reliant et créant de nouvelles réalités pour le quotidien de tous. Pour moi, cela a aussi été un voyage au sens littéral du terme : des régions les plus reculées du monde où j'avais passé plus de deux décennies vers le cœur de Paris. Et puis je n'ai pas fait que capturer le monde de Marc ; j'ai eu la grande chance qu'il partage avec moi ses visions et ses rêves.

Merci Marc.

Je suis reconnaissante à tous les membres de l'agence Marc Mimram et en particulier à :
Anne-Marie De Matos, Marine Farouault, Cynthia Jupin,
Ignacio Olalquiaga Varela, et Liu Chengyin, Chine.

Je remercie les personnes suivantes qui m'ont aidée à différentes étapes de ce projet :

Chez Hatje Cantz :
Son ancien directeur, Holger Liebs, ainsi que Claire Cichy et toute l'équipe pour avoir cru en mon art et m'avoir soutenue tout au long de ce projet.
Tous les traducteurs et relecteurs :
Aaron Bogart, Caroline Higgit, Anne Levine, Isabelle Liber.

Mise en page :
Merci à KOMA AMOK, l'agence de graphisme de Stuttgart, pour son soutien inconditionnel et l'intensité exceptionnelle avec laquelle son équipe s'est plongée dans cette monographie complexe en trois volumes, traduisant ainsi mon regard photographique et la façon dont j'ai capturé l'ingénierie et l'architecture de Marc ; je les remercie pour leur conviction et leur amitié.
Le responsable éditorial des textes :
Merci à Aris Kafantaris, architecte et responsable éditorial basé à Tokyo, pour son soutien à toutes les étapes de la création de cette monographie, de la naissance de l'idée de ce livre à son impression.

Les auteurs des textes :
Jean Attali, Paul Chemetov, Sir Peter Cook, Ariel Genadt, Zvi Hecker.

Services photographiques et assistance :
DIGID'A Lab à Rome. Davide Di Gianni et Fabio Barile,
pour la qualité exceptionnelle de leurs services.
Assistants photographes :
Philipp Valente et Lukas Walcher, TUM University, Architecture ;
Daniel Raphael Zuvia, Graduate School of Architecture,
Planning & Preservation, Columbia University, NYC.
Assistance technique pour le volume III sur Roland-Garros :
Michel Ellert et Gilles Cargueray, Leica, France ;
Charles Plumey, Paris.

Et enfin, et surtout :
Mon respect éternel à Kleio & Kazim.

Acknowledgments of Marc Mimram

This project might never have come about if it had not been for the obstinacy and unfailing determination of Michel Corajoud, who shared his enthusiasm equally between landscape, project, and teaching. His theoretical approach was derived from the geographical or political situation of the projects he was involved with. Drawing on his ideas, my understanding of the link between project and landscape was formed by his relationship with architecture. He taught me so much. He was my friend.

This book is the result of an encounter between the sensitive and demanding eye of Erieta Attali and our architectural beliefs; I thank her for this attention, this limitless determination.

Architecture is generally depicted in all its dazzling splendor beneath impossibly blue skies, dramatically transformed by digital manipulation. The rules of such Photoshopped creations depart so far from the truth in their search for virtuosic virtual reality that it is hard to create a mood, reflect an atmosphere, or express materiality. They damage and deaden where our collaboration seeks to bring generosity and sensitivity to the world.

Our meeting with the photographer Erieta Attali made it possible to turn away from the race to "fake representation" which, like "fake news," is not so much a lie as an interpretation of reality.
Erieta Attali has spent three years following our building projects, observing them through her photographic lens. The lens is subjective and interpretation is always present but here the photographer has constructed an architecture through the senses and emotions. The materialized reflections of light, the textures of flesh, or the sensation of mass can all be found in her work whether dealing with architecture or the creation of architecture.

I am grateful for her generosity with her time and her selflessness. I cannot stress enough how rare these qualities are.

Architecture is not a solitary pursuit. It involves cooperation from conception to construction.
The client trusted me to develop a project where many considerations had to be taken into account in a fragile and exceptionally exposed context. My thanks go particularly to Bernard Giudicelli, Jean Gachassin, Gilbert Ysern, Gilles Jourdan, Jean Marc Blanchecotte, Michel Brodovitch, and Paul Chemetov.

This project has been the object of attentive development from both the collaborating architects and engineers. Many people have been involved in the project teams, Marc Mimram Architecture & Associés and Marc Mimram Ingénierie. My thanks go to them for their contributions, and particularly to Guillaume André, Martin Fougeras Lavergnolle, Razvan Ionica, and Anne-Marie De Matos.

The project represents a record of the work of all those who have encouraged and advised us. Though their names remain anonymous, I am greatly indebted to them; their involvement in the project is part of how we see architecture. Buildings and civil engineering projects stand as a concrete memory of our shared labors. Workers or engineers, these people are ready to meet the challenge; the project rests its hopes on their knowledge.

KOMA AMOK, our graphic designers, demonstrated a subtle finesse in their reproduction of the photographs illustrating the architecture of the projects. Aris Kafantaris has been invaluable in overseeing this publication.

I owe a particular debt to Sir Peter Cook, architect, thinker, and theoretician of architecture, for his admirable text, full of delicacy and friendship: *so British*.

Acknowledgments of Erieta Attali

On July 14, 2016, I was fortunate to be invited by Farrokh Derakhshani, Director, Aga Khan Award for Architecture, to a conference at the Victoria and Albert Museum in London called Beyond the Bridge. In the list of speakers I saw the biography of a man named Marc Mimram. I didn't know him at the time, but I was curious to listen to him speaking about his bridges. Already before the end of his lecture, I realized that this had to be my next exploration in the world: I had to explore his infrastructure-scale works across France and beyond the borders of his country, his bridges, train stations, and swimming pools.
Up until Marc's lecture, I had already photographed monuments, both contemporary and historic, across the world. I had just completed my doctoral studies in Australia, with monographs on their way to being published. The timing felt right, then, for my visions and desires to be channeled to this new direction: a three-year journey over the works and sculptural creations of Marc Mimram.

I am thankful to Marc's trust, which was not to be taken for granted; instead, it was gained step by step, which gratefully led us to a moment of a great accomplishment: the completion of a circle of studies, decoding the landscape through infrastructure works spanning across landscapes, connecting and creating new realities for the life of all people.
It has also been a literal journey for me: coming from the most isolated edges of the world, where I spent over two decades, into the heart of Paris. And then, not only capturing Marc's works, but having the great opportunity to be sharing with him his visions and dreams.

Thank you Marc.

I am grateful to all the members of Marc Mimram Architecture et Ingénierie and especially to:
Anne-Marie De Matos, Marine Farouault, Cynthia Jupin,
Ignacio Olalquiaga Varela, and Liu Chengyin, China.

I am thankful to the following people for supporting several stages of this work:
Hatje Cantz, and specifically former managing director Holger Liebs, as well as Claire Cichy and all the Hatje Cantz staff, for having sincerely embraced my art and showing support throughout.
To all the translators and copy editors:
Aaron Bogart, Caroline Higgit, Anne Levine, Isabelle Liber.

Graphic design:
KOMA AMOK, Stuttgart-based graphic designers for their long-lasting devotion and the exceptional artistic intensity with which they dived into the complexity of this three-volume monograph, translating my photographic gaze and the ways with which I capture Marc's engineering and architecture, for their true faith and friendship.
Managing editor:
Aris Kafantaris, Tokyo-based architect, for his intellectual support throughout the process of this three-volume monograph on Marc Mimram; following every stage of the work from the birth of idea of this book to its completion.

Text contributors for the three monographs:
Jean Attali, Paul Chemetov, Sir Peter Cook, Ariel Genadt, and Zvi Hecker.

Photography services, and general assistance:
DIGID'A Lab in Rome, Davide Di Gianni and Fabio Barile,
with special thanks for the exceptional, high quality of their services.
Photography assistants:
Philipp Valente and Lukas Walcher, TUM University, Architecture;
Daniel Raphael Zuvia, Graduate School of Architecture,
Planning & Preservation, Columbia University, NYC.
Technical assistance for Roland-Garros Volume III:
Michel Ellert and Gilles Cargueray, Leica, France;
Charles Plumey, Paris.

And last but not least:
Lifelong respect to Kleio and Kazim.

Marc Mimram
Structure | Light · Landscapes of Gravity · Roland-Garros
Through the Lens of Erieta Attali

Editor: Erieta Attali

Managing editor: Aris Kafantaris
Project management: Claire Cichy, Hatje Cantz
English copyediting: Aaron Bogart
French copyediting: Isabelle Liber
Translations: Anne Levine (French), Caroline Higgit (English)
Graphic design and concept:
Joerg Ewald Meißner, Gerd Sebastian Jakob,
KOMA AMOK, Kunstbüro für Gestaltung, Stuttgart
www.komaamok.com
Typeface: GT America (Noël Leu, with Seb McLauchlan)
Production: Heidrun Zimmermann, Hatje Cantz
Reproductions:
DIGID'A, Davide di Gianni, Fabio Barile, Rome, Italy
Jan Scheffler & Kerstin Wenzel GbR, Berlin
Paper: Condat matt Périgord, 170 g/m²
Binding: Buchbinderei Terbeck GmbH, Coesfeld
Printing: Offsetdruckerei Karl Grammlich GmbH, Pliezhausen

Published by
Hatje Cantz Verlag GmbH
Mommsenstraße 27
10629 Berlin
www.hatjecantz.de
A Ganske Publishing Group Company

ISBN 978-3-7757-4403-4

Printed in Germany

Roland-Garros

Developer: Federation Française de Tennis FFT
Steel company: VIry / Fayat
Concrete company: VINCI Construction
Situation: Boulevard d'Auteuil, 75016 Paris, France

MARC
MIMRAM
ARCHITECTURE
INGÉNIERIE